国学经典诵读系列丛书

龙文鞭影
训蒙骈句

焦金鹏 严国贤 主编

河南大学出版社
HENAN UNIVERSITY PRESS
·郑州·

图书在版编目(CIP)数据

龙文鞭影　训蒙骈句 / 焦金鹏，严国贤主编. — 郑州：河南大学出版社，2019.10

(国学经典诵读系列丛书)

ISBN 978-7-5649-3987-8

Ⅰ. ①龙… Ⅱ. ①焦… ②严… Ⅲ. ①古汉语—启蒙读物 ②诗词格律—中国—启蒙读物 Ⅳ. ①H194.1 ②I207.21

中国版本图书馆 CIP 数据核字(2019)第 235778 号

书名:龙文鞭影　训蒙骈句(LONGWEN BIANYING　XUNMENG PIANJU)

责任编辑　韩　琳　陈雅娟
责任校对　薛巧玲
封面设计　李甲鸣

出　版　河南大学出版社
地址:郑州市郑东新区商务外环中华大厦 2401 号　邮编:450046
电话:0371-86059701(营销部)　网址:www.hupress.com
印　刷　河南承创印务有限公司
版　次　2019 年 10 月第 1 版　**印　次**　2019 年 10 月第 1 次印刷
开　本　787 mm×1092 mm　1/16　**印　张**　10
字　数　138 千　**定　价**　36.80 元

前　言

《龙文鞭影》原名《蒙养故事》，是中国古代的儿童启蒙读物，由明代人萧良有编撰而成，后来杨臣诤对此书进行了增补修订，并将书名改为《龙文鞭影》。龙文是古代一种骏马的名称，相传它只要看见鞭子的影子就会奔跑疾驰。以“龙文鞭影”为书名，是指儿童学习了书里的知识，有望成为“千里马”。《龙文鞭影》主要是介绍中国历史上的人物典故和逸事传说，四字一句，两句押韵，读起来抑扬顿挫，朗朗上口，符合儿童的阅读趣味。

《训蒙骈句》，明代司守谦撰。其以对偶句为主，构成字数相等的上下联，上下联词语相对，平仄相对。书中对仗工整的骈句极富韵律之美，同时书中还涉及众多成语典故和寓言神话，便于对儿童进行骈句训练，为作文作诗建立根基。

2018年9月25日，教育部、国家语言文字工作委员会印发《中华经典诵读工程实施方案》（教语用〔2018〕3号）。文件指出：“构建经典诵读课程和教材体系。在中小学语文等学科中丰富、充实有关中华经典诵读内容，支持各地开发中华经典地方课程、校本课程，开展诵写讲特色项目研究、实践。指导编写不同学段的中华经典分级诵读本，建设‘中小学语文示范诵读库’。”笔者积极贯彻文件精神，组织编写中华经典诵读工程校本教材——《龙文鞭影　训蒙骈句》，引领广大青少年更好地亲近中华经典，传承中华传统美德，弘扬中华人文精神。“普通话诵经典，规范字书中华！”鼓励青少年阅读经典、感悟经典、享受经典，引导青少年在学习优秀传统文化的过程中，感受中华经典的独特魅力。

目　录

龙文鞭影

原文

卷一

卷二

卷三

卷四

注解

卷一

卷二

卷三

卷四

训蒙骈句

上卷

下卷

注解

上卷

下卷

龙文鞭影

卷一

yī dōng
一东

cū chéng sì zì　huì ěr tóng méng　jīng shū xiá rì　zǐ shǐ xū tōng
粗成四字　诲尔童蒙　经书暇日　子史须通

chóng huá dà xiào　wǔ mù jīng zhōng　yáo méi bā cǎi　shùn mù chóng tóng
重华大孝　武穆精忠　尧眉八彩　舜目重瞳

shāng wáng dǎo yǔ　hàn zǔ gē fēng　xiù xún hé běi　cè jù jiāng dōng
商王祷雨　汉祖歌风　秀巡河北　策据江东

tài zōng huái yào　huán diǎn chéng cōng　jiā bīn fù xuě　shèng zǔ yín hóng
太宗怀鹞　桓典乘骢　嘉宾赋雪　圣祖吟虹

yè xiān qiū shuǐ　xuān shèng chūn fēng　kǎi chóng dòu fù　hún xùn zhēng gōng
邺仙秋水　宣圣春风　恺崇斗富　浑濬争功

wáng lún shǐ lǔ　wèi jiàng hé róng　xún liú hé nèi　hé shǒu guān zhōng
王伦使虏　魏绛和戎　恂留河内　何守关中

zēng chú dīng wèi　hào zhé jiǎ chōng　tián jiāo pín jiàn　zhào bié cí xióng
曾除丁谓　皓折贾充　田骄贫贱　赵别雌雄

wáng róng jiǎn yào　péi kǎi qīng tōng　zǐ ní míng shì　shào yì shén tóng
王戎简要　裴楷清通　子尼名士　少逸神童

jù bó gāo yì　xǔ shū yīn gōng　dài yǔ lǐ jìng　zhǐ báo wáng chóng
巨伯高谊　许叔阴功　代雨李靖　止雹王崇

hé níng yī bō　rén jié yào lóng　yì lún qīng jié　zhǎn huò hé fēng
和凝衣钵　仁杰药笼　义伦清节　展获和风

zhān fēng lìng yǐn　biàn rì ér tóng　bì lǚ dōng guō　cū fú zhāng róng
占风令尹　辩日儿童　敝履东郭　粗服张融

lú qǐ chú huàn　péng chǒng yán gōng　fàng gē yú zhě　gǔ yì shī wēng
卢杞除患　彭宠言功　放歌渔者　鼓枻诗翁

wéi wén zhū wǔ　yáng xiào zūn zhōng　yǐ lǘ jiǎ mǔ　tóu gé yáng xióng
韦文朱武　阳孝尊忠　倚闾贾母　投阁扬雄

liáng jī zhí hǔ　féng hòu dāng xióng　luó fū mò shàng　tōng dé gōng zhōng
梁姬值虎　冯后当熊　罗敷陌上　通德宫中

èr dōng
二　冬

hàn chēng qī zhì　táng xiàn sān zōng　gǎo qīng duàn shé　gāo zǔ shāng xiōng
汉称七制　唐羡三宗　杲卿断舌　高祖伤胸

wèi gōng qiē zhí　shī dé kuān róng　mí héng yí è　lù sī jiǔ lóng
魏公切直　师德宽容　祢衡一鹗　路斯九龙

chún rén zhù mài　dīng gù mèng sōng　hán qí sháo yào　lǐ gù fú róng
纯仁助麦　丁固梦松　韩琦芍药　李固芙蓉

yuè yáng qī zǎi　fāng shuò sān dōng　jiāo qí bìng dì　tán shàng xiāng gōng
乐羊七载　方朔三冬　郊祁并第　谭尚相攻

táo wéi wù bào　hán bǐ yún lóng　xǐ ér fēi zi　xiào shì zhāo róng
陶违雾豹　韩比云龙　洗儿妃子　校士昭容

cǎi luán shū yùn　qín cāo cān zōng
彩鸾书韵　琴操参宗

sān jiāng
三　江

gǔ dì fèng gé　cì shǐ jī chuāng　wáng qín hú hài　xīng hàn liú bāng
古帝凤阁　刺史鸡窗　亡秦胡亥　兴汉刘邦

dài shēng dú bù　xǔ zǐ wú shuāng　liǔ mián hàn yuàn　fēng luò wú jiāng
戴生独步　许子无双　柳眠汉苑　枫落吴江

yú shān jǐng zhí　lù mén yǐn páng　hào cóng chuáng nì　sōng bì zhàng zhuàng
鱼山警植　鹿门隐庞　浩从床匿　崧避杖撞

liú shī bù fù　hán wén dǐng gāng　yuàn guī pán gǔ　yáng yì shí cóng
刘诗瓿覆　韩文鼎扛　愿归盘谷　杨忆石淙

nǔ míng kè dí　chéng zhù shòu xiáng　wéi qǔ dù qǔ　mèng chuāng cǎo chuāng
弩名克敌　城筑受降　韦曲杜曲　梦窗草窗

líng zhēng chú gǒu　shī huò huā máng　jiā zhēn sī màn　lǔ zhí cǎi gāng
灵征刍狗　诗祸花龙　嘉贞丝幔　鲁直彩缸

sì zhī
四支

wáng liáng cè mǎ　fù yuè qí jī　fú xī huà guà　xuān fù shān shī
王良策马　傅说骑箕　伏羲画卦　宣父删诗

gāo féng bái dì　yǔ mèng xuán yí　yín chén qī cè　guāng jìn wǔ guī
高逢白帝　禹梦玄彝　寅陈七策　光进五规

lǔ gōng sān yì　yáng zhèn sì zhī　dèng yōu qì zǐ　guō jù mái ér
鲁恭三异　杨震四知　邓攸弃子　郭巨埋儿

gōng yú jià bì　chǔ dào huán jī　yǔn zhū dǒng zhuó　jiè shā wáng kuí
公瑜嫁婢　处道还姬　允诛董卓　玠杀王夔

shí qián jiǎo jié　zhū hài xióng qí　píng shū fù fěn　hóng zhì níng zhī
石虔矫捷　朱亥雄奇　平叔傅粉　弘治凝脂

bó yú qì zhàng　mò dí bēi sī　néng wén cáo zhí　shàn biàn zhāng yí
伯俞泣杖　墨翟悲丝　能文曹植　善辩张仪

wēn gōng jǐng zhěn　dǒng zǐ xià wéi　huì shū zhāng xù　shàn huà wáng wéi
温公警枕　董子下帷　会书张旭　善画王维

zhōu xiōng wú huì　jì shū bù chī　dù jī guó shì　guō tài rén shī
周兄无慧　济叔不痴　杜畿国士　郭泰人师

yī chuān chuán yì　jué fàn lùn shī　dǒng zhāo jiù yǐ　máo bǎo fàng guī
伊川传易　觉范论诗　董昭救蚁　毛宝放龟

chéng fēng zōng què　lì xuě yáng shí　ruǎn jí qīng yǎn　mǎ liáng bái méi
乘风宗悫　立雪杨时　阮籍青眼　马良白眉

hán zǐ gū fèn　liáng hóng wǔ yī　qián kūn shì xiè　cuī chén qǐ mí
韩子孤愤　梁鸿五噫　钱昆嗜蟹　崔谌乞麋

yǐn zhī mài quǎn　jǐng bó pēng cí　méi gāo mǐn jié　sī mǎ yān chí
隐之卖犬　井伯烹雌　枚皋敏捷　司马淹迟

zǔ yíng chēng shèng　pān yuè chéng qí　zǐ zhī méi yǔ　sī màn fēng zī
祖莹称圣　潘岳诚奇　紫芝眉宇　思曼风姿

yù huì qiè yǐn　chén jì chéng mí　hán kāng mài yào　zhōu shù rú zhī
毓会窃饮　谌纪成麋　韩康卖药　周术茹芝

liú gōng diàn hǔ　zhuāng zǐ tú guī　táng jǔ shàn xiàng　biǎn què míng yī
刘公殿虎　庄子涂龟　唐举善相　扁鹊名医

hán qí fén shū　jiǎ dǎo jì shī　kāng hóu xùn zhí　liáng bì kè ér
韩琦焚疏　贾岛祭诗　康侯训侄　良弼课儿

yán kuáng mò jí　shān qì nán zhī　lǎn cán wēi yù　lǐ bì shāo lí
颜狂莫及　山器难知　懒残煨芋　李泌烧梨

gān shèn yáng pèi　jiāo fàn chén yí　wén shū jiè zǐ　ān shí qiú shī
干椹杨沛　焦饭陈遗　文舒戒子　安石求师

fáng nián wèi jiǎn　yán wǔ chēng qí　dèng yún ài ài　zhōu yuē qī qī
防年未减　严武称奇　邓云艾艾　周曰期期

zhōu shī yuán hú　liáng xiàng yuān chī　lín táo dà hàn　qióng yá xiǎo ér
周师猿鹄　梁相鵷鸱　临洮大汉　琼崖小儿

dōng yáng qiǎo duì　rǔ xī qí shī　qǐ qī sān lè　cáng yòng wǔ zhī
东阳巧对　汝锡奇诗　启期三乐　藏用五知

duò zèng shū dá　fā wèng zhōng lí　yì qián zhū lì　bàn bì lián jī
堕甑叔达　发瓮钟离　一钱诛吏　半臂怜姬

wáng hú suǒ shí　luó yǒu qǐ cí　shào fù dù mǔ　yōng yǒu yáng shī
王胡索食　罗友乞祠　召父杜母　雍友杨师

zhí yán jiě fà　jīng zhào huà méi　měi jī gōng dí　lǎo bì chuī chí
直言解发　京兆画眉　美姬工笛　老婢吹篪

wǔ wēi
五微

jìng shū shòu xiǎng　wú hù wèi yī　chún yú qiè xiào　sī mǎ wēi jī
敬叔受饷　吴祜遗衣　淳于窃笑　司马微讥

zǐ fáng bì gǔ　gōng xìn cǎi wēi　bǔ shāng wén guò　bó yù zhī fēi
子房辟谷　公信采薇　卜商闻过　伯玉知非

shì zhì yuǎn zhì　bó yuē dāng guī　shāng ān chún fú　zhāng qì niú yī
仕治远志　伯约当归　商安鹑服　章泣牛衣

cài chén shàn xuè　wáng gě jiāo jī　táo gōng yùn pì　mèng mǔ duàn jī
蔡陈善谑　王葛交讥　陶公运甓　孟母断机

liù yú
六 鱼

shào dì zuò xī　　tài zǐ qiān jū　　wèi yì hào hè　　lǔ yǐn guān yú
少帝坐膝　太子牵裾　卫懿好鹤　鲁隐观鱼

cài lún zào zhǐ　　liú xiàng jiào shū　　zhū yún zhé kǎn　　qín xī jī chē
蔡伦造纸　刘向校书　朱云折槛　禽息击车

gěng gōng bài jǐng　　zhèng guó chuān qú　　guó huá qǔ yìn　　tiān dīng mǒ shū
耿恭拜井　郑国穿渠　国华取印　添丁抹书

xì hóu zhú mǎ　　zōng mèng yín yú　　guǎn níng gē xí　　hé jiào zhuān chē
细侯竹马　宗孟银鱼　管宁割席　和峤专车

wèi yáng yuán zhàn　　zhái xiàng wèi shū　　yǒng hé yōng juàn　　cì dào cáng shū
渭阳袁湛　宅相魏舒　永和拥卷　次道藏书

zhèn zhōu zèng bó　　fú zǐ qū chē　　tíng wèi luó què　　xué shì fén yú
镇周赠帛　宓子驱车　廷尉罗雀　学士焚鱼

míng jiàn jì dá　　yù shí lú chǔ　　sòng jūn dù hǔ　　lǐ bái chéng lǘ
冥鉴季达　预识卢储　宋均渡虎　李白乘驴

cāng jié zào zì　　yú qīng zhù shū　　bān fēi cí niǎn　　féng dàn tóng yú
仓颉造字　虞卿著书　班妃辞辇　冯诞同舆

qī yú
七 虞

xī shān jīng wèi　　dōng hǎi má gū　　chǔ yīng xìn fó　　qín zhèng kēng rú
西山精卫　东海麻姑　楚英信佛　秦政坑儒

cáo gōng duō zhì　　yán zǐ fēi yú　　wǔ yún fù chǔ　　gōu jiàn miè wú
曹公多智　颜子非愚　伍员覆楚　勾践灭吴

jūn mó lóng piàn　　wáng sù lào nú　　cài héng biàn fèng　　yì fǔ tí wū
君谟龙片　王肃酪奴　蔡衡辨凤　义府题乌

sū qín cì gǔ　　lǐ jì fén xū　　jiè chéng kuáng zhí　　duān bù hú tú
苏秦刺股　李勣焚须　介诚狂直　端不糊涂

guān xī kǒng zǐ　jiāng zuǒ yí wú　zhào biàn xié hè　zhāng hàn sī lú
关西孔子　江左夷吾　赵抃携鹤　张翰思鲈

lǐ jiā guó shì　niè mǐn tián fū　shàn ōu wáng bào　zhí bǐ dǒng hú
李佳国士　聂悯田夫　善讴王豹　直笔董狐

zhào dǐng jué jiàng　zhū mù zhuān yú　zhāng hóu huà shí　mèng shǒu huán zhū
赵鼎倔强　朱穆专愚　张侯化石　孟守还珠

máo suì tuō yǐng　zhōng jūn qì xū　zuǒ qīng huà hè　cì zhòng wéi wū
毛遂脱颖　终军弃繻　佐卿化鹤　次仲为乌

wéi shù qǐ zǐ　lú zhí kǎi mó　shì héng huáng ěr　zǐ shòu fēi nú
韦述杞梓　卢植楷模　士衡黄耳　子寿飞奴

zhí bǐ wú jīng　gōng yì yuán shū　chén shèng chuò chā　jiè zǐ qì gū
直笔吴兢　公议袁枢　陈胜辍锸　介子弃觚

xiè míng hú dié　zhèng hào zhè gū　dài hé shū jiǎn　zhèng xiá chéng tú
谢名蝴蝶　郑号鹧鸪　戴和书简　郑侠呈图

xiá qiū mài yào　yè lìng tóu wū　bīng shān yòu xiàng　tóng xiù sī tú
瑕丘卖药　邺令投巫　冰山右相　铜臭司徒

wǔ líng yú fǔ　mǐn yuè qiáo fū　yú rén yù bàng　tián fǔ jùn lú
武陵渔父　闽越樵夫　渔人鹬蚌　田父逡卢

zhèng jiā shī bì　xī shì wén nú
郑家诗婢　郗氏文奴

卷二

bā qí
八　齐

zǐ jìn mù shǐ　xiān wēng zhù jī　wǔ wáng guī mǎ　péi dù huán xī
子晋牧豕　仙翁祝鸡　武王归马　裴度还犀

chóng ěr bà jìn　xiǎo bái xīng qí　jǐng gōng ráng huì　dòu yǎn zhān kuí
重耳霸晋　小白兴齐　景公禳彗　窦俨占奎

zhuó jìng píng hǔ　xī bā shì ní　xìn líng bǔ yào　zǔ tì wén jī
卓敬冯虎　西巴释麑　信陵捕鹞　祖逖闻鸡

zhào bāo qì mǔ　wú qǐ shā qī　chén píng duō zhé　lǐ guǎng chéng xī
赵苞弃母　吴起杀妻　陈平多辙　李广成蹊

liè yì kè hǔ　wēn jiào rán xī　liáng gōng xùn què　máo róng gē jī
烈裔刻虎　温峤燃犀　梁公训雀　茅容割鸡

jiǔ jiā
九佳

yǔ jūn wǔ guì　wáng yòu sān huái　tóng xīn xiàng xiù　xiào mào bó xié
禹钧五桂　王祐三槐　同心向秀　肖貌伯偕

yuán hóng tǔ shì　yáng kǎn shuǐ zhāi　jìng zhī shuō hǎo　guō nè yán jiā
袁闳土室　羊侃水斋　敬之说好　郭讷言佳

chén guàn zé jǐ　ruǎn jí yǒng huái
陈瓘责己　阮籍咏怀

shí huī
十灰

chū píng qǐ shí　zuǒ cí zhì bēi　míng gāo lín gé　gōng xiǎn yún tái
初平起石　左慈掷杯　名高麟阁　功显云台

zhū xī zhèng xué　sū shì qí cái　yuān míng shǎng jú　hé jìng guān méi
朱熹正学　苏轼奇才　渊明赏菊　和靖观梅

jī shǔ zhāng fàn　jiāo qī chén léi　gěng yǎn běi dào　sēng rú xī tái
鸡黍张范　胶漆陈雷　耿弇北道　僧孺西台

jiàn fēng shòu kuàng　xiào jī huán cái　zhǔn tí huà yuè　chuò fù tiān tāi
建封受贶　孝基还财　准题华岳　绰赋天台

mù shēng jué qù　jiǎ yù chóng lái　tái wū chéng zhào　píng què wèi méi
穆生决去　贾郁重来　台乌成兆　屏雀为媒

píng zhòng wú shù　ān dào duō cái　yáng yì hè tuì　dòu wǔ shé tāi
平仲无术　安道多才　杨亿鹤蜕　窦武蛇胎

xiāng fēi qì zhú　chú ní chù huái　yáng yōng wǔ bì　wēn jiào yì tái
湘妃泣竹　鉏麑触槐　阳雍五壁　温峤一台

十一 真

孔门十哲 殷室三仁 晏能处己 鸿耻因人
文翁教士 朱邑爱民 太公钓渭 伊尹耕莘
皋惟团力 泌仅献身 丧邦黄皓 误国章惇
鞅更秦法 普读鲁论 吕诛华士 孔戮闻人
暴胜持斧 张纲埋轮 孙非识面 韦岂呈身
令公请税 长孺输缗 白州刺史 绛县老人
景行莲幕 谨选花裀 郗超造宅 季雅买邻
寿昌寻母 董永卖身 建安七子 大历十人
香山诗价 孙济酤缗 令严孙武 法变张巡
更衣范冉 广被孟仁 笔床茶灶 羽扇纶巾
灌夫使酒 刘四骂人 以牛易马 改氏为民
扩先表圣 灯候沈彬

shí èr wén
十二文

xiè fū chǔ shì　sòng jǐng xián jūn　jǐng zōng xiǎn yùn　liú huī qí wén
谢敷处士　宋景贤君　景宗险韵　刘辉奇文

yuán ān wò xuě　rén jié wàng yún　mào shū zǎi xiàng　fù fù jiāng jūn
袁安卧雪　仁杰望云　貌疏宰相　腹负将军

liáng tíng qiè guàn　zēng pǔ wù yún　zhāng xún jūn lìng　chén lín xí wén
梁亭窃灌　曾圃误耘　张巡军令　陈琳檄文

yáng zhí yì shàng　níng yuè mí qín　cài yōng dǎo xǐ　wèi guàn pī yún
羊殖益上　宁越弥勤　蔡邕倒屣　卫瓘披云

jù shān guī xī　zūn yàn lóng wén
巨山龟息　遵彦龙文

shí sān yuán
十三元

ào ní zhāo jiàn　mào yì jiǎn yán　jīn shū mèng jué　shā hù bǔ fān
傲倪昭谏　茂异简言　金书梦珏　纱护卜藩

tóng huī bǔ hǔ　gǔ yě chí yuán　hé qí hán xìn　xiāng huà chén yuán
童恢捕虎　古冶持鼋　何奇韩信　香化陈元

xú gàn zhōng lùn　yáng xióng fǎ yán　lì chēng wū huò　yǒng shàng mèng bēn
徐幹中论　扬雄法言　力称乌获　勇尚孟贲

bā lóng xún shì　wǔ zhì táng mén　zhāng zhān chuī jiù　zhuāng zhōu gǔ pén
八龙荀氏　五豸唐门　张瞻炊臼　庄周鼓盆

shū tuō shì jiǎn　bó ào wén yuán　mǐn xiū wèi qǔ　chén qiáo chū hūn
疏脱士简　博奥文元　敏修未娶　陈峤初婚

cháng gōng sī guò　dìng guó píng yuān　chén zūn tóu xiá　wèi bó sǎo mén
长公思过　定国平冤　陈遵投辖　魏勃扫门

sūn liǎn zhī jù　ruǎn xián pù kūn　huì táng wú yǐn　wéi shān bù yán
孙琏织屦　阮咸曝裈　晦堂无隐　沩山不言

shí sì hán

十四　寒

zhuāng shēng hú dié　lǚ zǔ hán dān　xiè ān zhé jī　gòng yǔ tán guān
庄生蝴蝶　吕祖邯郸　谢安折屐　贡禹弹冠

yǐ róng wáng dǎo　jùn shā qū duān　xiū nà tí jié　shū shào píng guān
颉容王导　浚杀曲端　休那题碣　叔邵凭棺

rú lóng zhū gě　sì guǐ cáo mán　shuǎng xīn yù lǐ　bái yuàn shí hán
如龙诸葛　似鬼曹瞒　爽欣御李　白愿识韩

qián lóu bù bèi　yōu mèng yī guān　cháng gē níng qī　hān shuì chén tuán
黔娄布被　优孟衣冠　长歌宁戚　鼾睡陈抟

zēng shēn wù yì　páng dé yí ān　mù qīn chǔ jiù　shāng huà zhī lán
曾参务益　庞德遗安　穆亲杵臼　商化芝兰

gě hóng fù jí　gāo fèng chí gān　shì zhī jié wà　zǐ xià gēng guān
葛洪负笈　高风持竿　释之结袜　子夏更冠

zhí yán táng jiè　yǎ liàng liú kuān　lǚ xū hé diǎn　zhuō bí xiè ān
直言唐介　雅量刘宽　捋须何点　捉鼻谢安

zhāng huá lóng zhǎ　mǐn gòng zhū gān　yuān cái wǔ hèn　guō yì sān tàn
张华龙鲊　闵贡猪肝　渊材五恨　郭奕三叹

hóng jǐng zuò xiàng　yán zǔ qì guān　èr shū gòng zhàng　sì hào yī guān
弘景作相　延祖弃官　二疏供帐　四皓衣冠

màn qīng háo yǐn　lián pō xióng cān　cháng kāng sān jué　yuán fāng èr nán
曼卿豪饮　廉颇雄餐　长康三绝　元方二难

zēng cí wēn bǎo　chéng rěn jī hán　mǎi chén huái shòu　páng méng guà guān
曾辞温饱　城忍饥寒　买臣怀绶　逄萌挂冠

xún liáng fú zhàn　rú yǎ ní kuān　ōu mǔ huà dí　liǔ mǔ huò wán
循良伏湛　儒雅兒宽　欧母画荻　柳母和丸

hán píng tí yè　yān jí mèng lán　piǎo mǔ jìn shí　huàn fù fēn cān
韩屏题叶　燕姞梦兰　漂母进食　浣妇分餐

shí wǔ shān
十五删

lìng wēi huá biǎo　dù yǔ xī shān　fàn zēng jǔ jué　yáng hù tàn huán
令威华表　杜宇西山　范增举玦　羊祜探环

shěn zhāo kuáng shòu　féng dào chī wán　chén fān xià tà　zhì yùn jù guān
沈昭狂瘦　冯道痴顽　陈蕃下榻　郅恽拒关

xuě yè qín cài　dēng xī píng mán　guō jiā jīn xué　dèng shì tóng shān
雪夜擒蔡　灯夕平蛮　郭家金穴　邓氏铜山

bǐ gān shòu cè　yáng bǎo zhǎng huán　yàn yīng néng jiǎn　sū shì wéi qiān
比干受策　杨宝掌环　晏婴能俭　苏轼为悭

táng kāi luò shuǐ　shè jié xiāng shān　là huā qí fàng　chūn guì tóng pān
堂开洛水　社结香山　腊花齐放　春桂同攀

卷三

yī xiān
一先

fēi fú yè lìng　jià hè gōu xiān　liú chén cǎi yào　mào shū guān lián
飞凫叶令　驾鹤缑仙　刘晨采药　茂叔观莲

yáng gōng huī rì　wǔ yǐ shè tiān　táng zōng sān jiàn　liú chǒng yì qián
阳公麾日　武乙射天　唐宗三鉴　刘宠一钱

shū wǔ shǒu guó　lǐ mù bèi biān　shào wēng zhì guǐ　luán dà qiú xiān
叔武守国　李牧备边　少翁致鬼　栾大求仙

yù chén cáo cāo　měng xiàng fú jiān　hàn jiā sān jié　jìn shì qī xián
彧臣曹操　猛相苻坚　汉家三杰　晋室七贤

jū yì shí zì　tóng wū yù xuán　huáng wǎn duì rì　qín mì lùn tiān
居易识字　童乌预玄　黄琬对日　秦宓论天

yuán lóng hú hǎi　sī mǎ shān chuān　cāo zhū lǚ bù　bìn shā páng juān
元龙湖海　司马山川　操诛吕布　膑杀庞涓

yǔ jiù jù lù　zhǔn cè chán yuān　yīng róng wán yào　yán chǎng huán qián
羽救巨鹿　准策澶渊　应融丸药　阎敞还钱

fàn jū ràng shuǐ　wú yǐn tān quán　xuē féng léi mǎ　liú shèng hán chán
范居让水　吴饮贪泉　薛逢羸马　刘胜寒蝉

zhuō dāo cáo cāo　fú shǐ jiǎ jiān　huì kěn fù guó　zhì yuàn qīn xián
捉刀曹操　拂矢贾坚　晦肯负国　质愿亲贤

luó yǒu féng guǐ　pān gǔ chēng xiān　mào hóng shū fú　zǐ jìng qīng zhān
罗友逢鬼　潘谷称仙　茂弘练服　子敬青毡

wáng qí yàn zì　hán pǔ luán jiān　ān zhī huà dì　dé yù chóu biān
王奇雁字　韩浦鸾笺　安之画地　德裕筹边

píng yuán shí rì　sū zhāng èr tiān　xú miǎn fēng yuè　qì jí yún yān
平原十日　苏章二天　徐勉风月　弃疾云烟

shùn qīn dǒu jiǔ　fǎ zhǔ pú jiān　rào cháo zèng cè　fú lǔ tóu biān
舜钦斗酒　法主蒲鞯　绕朝赠策　苻卤投鞭

yù ràng tūn tàn　sū wǔ cān zhān　jīn tái zhāo shì　yù shǔ zhù xián
豫让吞炭　苏武餐毡　金台招士　玉署贮贤

sòng chén zōng zé　hàn shǐ zhāng qiān　hú jī rén zhǒng　míng jì shū xiān
宋臣宗泽　汉使张骞　胡姬人种　名妓书仙

èr xiāo
二 萧

téng wáng jiá dié　mó jié bā jiāo　què yī shī dào　tóu bǐ bān chāo
滕王蛱蝶　摩诘芭蕉　却衣师道　投笔班超

féng guān wǔ dài　jì xiàng sān cháo　liú fén xià dì　lú zhào duó biāo
冯官五代　季相三朝　刘蕡下第　卢肇夺标

líng gān xiáng lǔ　zhú chǐ chén zhāo　lóng pín shài fù　qián lǎn zhé yāo
陵甘降虏　蠋耻臣昭　隆贫晒腹　潜懒折腰

wéi shòu shǔ jǐn　yuán zǎi jiāo xiāo　pěng xí máo yì　jué jū wēn jiào
韦绶蜀锦　元载鲛绡　捧檄毛义　绝裾温峤

zhèng qián zhù shì　huái sù zhòng jiāo　yán zǔ hè lì　mào hóng lóng chāo
郑虔贮柿　怀素种蕉　延祖鹤立　茂弘龙超

xuán yú yáng xù　liú dú shí miáo　guì fēi pěng yàn　nòng yù chuī xiāo
悬鱼羊续　留犊时苗　贵妃捧砚　弄玉吹箫

sān yáo
三 肴

luán bā jiù huǒ　xǔ xùn chú jiāo　shī qióng wǔ jì　yì bù sān yáo
栾巴救火　许逊除蛟　诗穷五际　易布三爻

qīng shí ān shí　qí jì jū cháo　hú xún yīng dòu　quán fǎng hǔ pǎo
清时安石　奇计居鄛　湖循莺脰　泉访虎跑

jìn yóu shù xī　guǐ shù shī jiǎo　áo kuáng xī fà　jī lǎn zhuǎn pǎo
近游束皙　诡术尸佼　翱狂晞发　嵇懒转跑

xī xī yàn yǒng　běi lǒng kǒng cháo　mín jiē zì zhèng　qiāng yuàn xìng bāo
西溪晏咏　北陇孔嘲　民皆字郑　羌愿姓包

qí péng shěn huì　shè yā mèng jiāo　dài yóng gǔ chuī　jiǎ dǎo tuī qiāo
骑鹏沈晦　射鸭孟郊　戴颙鼓吹　贾岛推敲

sì háo
四 豪

yǔ chéng yú shùn　yuè xiàng yīn gāo　hán hóu bì kù　zhāng lù tí páo
禹承虞舜　说相殷高　韩侯敝袴　张禄绨袍

xiàng rú tí zhù　hán yù fén gāo　juān shēng jì xìn　zhēng sǐ kǒng bāo
相如题柱　韩愈焚膏　捐生纪信　争死孔褒

kǒng zhāng wén bà　mèng dé shī háo　mǎ yuán jué shuò　cháo fù qīng gāo
孔璋文伯　梦得诗豪　马援矍铄　巢父清高

bó lún jī lèi　chāo zōng fèng máo　fú qián lìn zuò　chē yìn zhòng láo
伯伦鸡肋　超宗凤毛　服虔赁作　车胤重劳

zhāng yí zhé zhú　rén mò rán hāo　hè xún bīng yù　gōng jǐn chún láo
张仪折竹　任末燃蒿　贺循冰玉　公瑾醇醪

páng gōng xiū chàng　liú zǐ gāo cāo　jì zhá guà jiàn　lǚ qián zèng dāo
庞公休畅　刘子高操　季札挂剑　吕虔赠刀

lái hù zhuó luò　liáng sǒng jīn gāo　zhuàng xīn chù zhòng　cāo xíng chén táo
来护卓荦　梁竦矜高　壮心处仲　操行陈陶

zǐ jīng shuǎng mài　xiào bó qīng cāo　lǐ dìng liù yì　shí yǔ sān háo
子荆爽迈　孝伯清操　李订六逸　石与三豪

zhèng hóng huán jiàn　yuán xìng chéng dāo　liú yīn qī yè　hé diǎn sān gāo
郑弘还箭　元性成刀　刘殷七业　何点三高

wǔ　gē
五歌

èr shǐ rù shǔ　wǔ lǎo yóu hé　sūn dēng zuò xiào　tán qiào xíng gē
二使入蜀　五老游河　孙登坐啸　谭峭行歌

hàn wáng fēng chǐ　qí zhǔ pēng ē　dīng lán kè mù　wáng zhì làn kē
汉王封齿　齐主烹阿　丁兰刻木　王质烂柯

huò guāng zhōng hòu　huáng bà kuān hé　huán tán fēi chèn　wáng shāng zhǐ é
霍光忠厚　黄霸宽和　桓谭非谶　王商止讹

yǐn wēng gōng shèng　cì kè jīng kē　lǎo rén jié cǎo　è fū dǎo gē
隐翁龚胜　刺客荆轲　老人结草　饿夫倒戈

yì kuān lǐ nè　bēi zhuàn sūn hé　zǐ yóu xiào yǒng　sī lì yín é
弈宽李讷　碑赚孙何　子猷啸咏　斯立吟哦

yì shì diāo ěr　lǘ lǐ míng kē　tán chuò sī zhú　póu fèi lù é
奕世貂珥　闾里鸣珂　昙辍丝竹　裒废蓼莪

jī chén wǔ fú　huà zhù sān duō
箕陈五福　华祝三多

liù　má
六麻

wàn dàn qín shì　sān jǐ cuī jiā　tuì zhī qū è　shū áo mái shé
万石秦氏　三戟崔家　退之驱鳄　叔敖埋蛇

yú xǔ yì fú　dào jì liáng shā　jí cí kuì ròu　qióng què xiǎng guā
虞诩易服　道济量沙　伋辞馈肉　琼却饷瓜

jì zūn zǔ dòu　chái shào pí pa　fǎ cháng píng jiǔ　hóng jiàn lùn chá
祭遵俎豆　柴绍琵琶　法常评酒　鸿渐论茶

táo yí sōng jú　tián lè yān xiá　mèng yè jiǔ suì　zhèng jué yì má
陶怡松菊　田乐烟霞　孟邺九穗　郑珏一麻

yán huí liàn mǎ　yuè guǎng bēi shé　luó xiàng chí jié　wáng bō lǒng shā
颜回练马　乐广杯蛇　罗珦持节　王播笼纱

néng yán lǐ bì　gǎn jiàn xiāng chē　hán yù pì fó　fù yì chú xié
能言李泌　敢谏香车　韩愈辟佛　傅奕除邪

chūn cáng zú gòu　yōng shì chuāng jiā　xuē jiān chéng cǎi　jiāng bǐ shēng huā
春藏足垢　邕嗜疮痂　薛笺成彩　江笔生花

bān zhāo hàn shǐ　cài yǎn hú jiā　fèng huáng lǜ lǚ　yīng wǔ pí pa
班昭汉史　蔡琰胡笳　凤凰律吕　鹦鹉琵琶

dù chuán táo yè　cūn míng xìng huā
渡传桃叶　村名杏花

qī yáng
七阳

jūn qǐ pán gǔ　rén shǐ yà dāng　míng huáng huā è　líng yùn chí táng
君起盘古　人使亚当　明皇花萼　灵运池塘

shén wēi yì dé　yì yǒng yún cháng　yì xióng shè rì　yǎn fèn fēi shuāng
神威翼德　义勇云长　羿雄射日　衍愤飞霜

wáng xiáng qiú lǐ　shū xiàng mái yáng　liàng fāng guǎn yuè　lè bǐ gāo guāng
王祥求鲤　叔向埋羊　亮方管乐　勒比高光

shì nán shū jiān　cháo cuò zhì náng　chāng qiú yǒu lǐ　shōu dùn shǒu yáng
世南书监　晁错智囊　昌囚羑里　收遁首阳

shì gōng zhèng shū　jùn jǔ lǐ gāng　xiáng jīn liú yù　shùn lǔ bāng chāng
轼攻正叔　浚沮李纲　降金刘豫　顺虏邦昌

yú shāo chì bì　shì zhé huáng gāng　mǎ róng jiàng zhàng　lǐ hè jǐn náng
瑜烧赤壁　轼谪黄冈　马融绛帐　李贺锦囊

tán qiān yíng zàng　zhī xí lín sàng　rén yù shī jiào　liú shì mò zhuāng
昙迁营葬　脂习临丧　仁裕诗窖　刘式墨庄

liú kūn xiào yuè　bó qí lǚ shuāng　sài wēng shī mǎ　zāng gǔ wáng yáng
刘琨啸月　伯奇履霜　塞翁失马　臧穀亡羊

kòu gōng kū zhú　shào bó gān táng　kuāng héng záo bì　sūn jìng xuán liáng
寇公枯竹　召伯甘棠　匡衡凿壁　孙敬悬梁

yī lú mǐn sǔn　shān zhěn huáng xiāng　yīng fú zhào wǔ　jí shā huái wáng

衣芦闵损　扇枕黄香　婴扶赵武　籍杀怀王

wèi zhēng wǔ mèi　ruǎn jí chāng kuáng　diāo lóng liú xié　mǐn jì yīng yáng

魏徵妩媚　阮籍猖狂　雕龙刘勰　愍骥应玚

yù chē tài dòu　xí shè jì chāng　yì rén yàn bó　nán zǐ tiān xiáng

御车泰豆　习射纪昌　异人彦博　男子天祥

zhōng zhēn gǔ bì　qí jié rén táng　hé yàn tán yì　guō xiàng zhù zhuāng

忠贞古弼　奇节任棠　何晏谈易　郭象注庄

wò yóu zōng zǐ　zuò yǐn wáng láng　dào jiǔ bì zhuó　gē ròu dōng fāng

卧游宗子　坐隐王郎　盗酒毕卓　割肉东方

lǐ yīng pò zhù　wèi guàn fǔ chuáng　yíng jūn xì liǔ　jiào liè cháng yáng

李膺破柱　卫瓘抚床　营军细柳　校猎长杨

zhōng wǔ jù diàn　dé yù jū sāng　áo cáo xióng yì　yuán fā shū kuáng

忠武具奠　德玉居丧　敖曹雄异　元发疏狂

kòu què lì bù　lǚ zhì jiá náng　yàn shēng bái jiǎn　yuán lǔ qīng xiāng

寇却例簿　吕置夹囊　彦升白简　元鲁青箱

kǒng róng liǎo liǎo　huáng xiàn wāng wāng　sēng yán bú cè　zhào yī fēi cháng

孔融了了　黄宪汪汪　僧岩不测　赵壹非常

shěn sī hào kè　yán sì wéi láng　shēn tú sōng wū　wèi yě cǎo táng

沈思好客　颜驷为郎　申屠松屋　魏野草堂

dài yuān xī luò　zǔ tì nán táng　qīng chéng dá jǐ　jià lǔ wáng qiáng

戴渊西洛　祖逖南塘　倾城妲己　嫁虏王嫱

guì fēi táo jì　gōng zhǔ méi zhuāng　jí liǎo sī hàn　gòng fèng zhōng táng

贵妃桃髻　公主梅妆　吉了思汉　供奉忠唐

卷四

bā gēng
八庚

xiāo shōu tú jí　kǒng xī fán yīng　biàn zhuāng cì hǔ　lǐ bái qí jīng

萧收图籍　孔惜繁缨　卞庄刺虎　李白骑鲸

wáng róng zhī gǔ　lǐ mì chén qíng　xiàng rú wán bì　lián pō fù jīng

王戎支骨　李密陈情　相如完璧　廉颇负荆

cóng lóng jiè zǐ　fēi yàn sū qīng　zhōng chén hóng hào　yì shì tián héng
从龙介子　飞雁苏卿　忠臣洪皓　义士田横

lǐ píng lín jiǎ　gǒu biàn gān chéng　jǐng wén yǐn zhèn　máo jiāo fú pēng
李平鳞甲　苟变干城　景文饮鸩　茅焦伏烹

xǔ chéng ěr zhòng　dīng yuàn mù máng　yōng shū dé rùn　mài bǔ jūn píng
许丞耳重　丁掾目盲　佣书德润　卖卜君平

mǎ dāng wáng bó　niú zhǔ yuán hóng　tán tiān zōu yǎn　jī gǔ huán róng
马当王勃　牛渚袁宏　谈天邹衍　稽古桓荣

qí céng fàn bǐng　píng dé fēn gēng　wò chuáng yì shào　shēng zuò yán míng
岐曾贩饼　平得分羹　卧床逸少　升座延明

wáng bó xīn zhī　jiǎ kuí shé gēng　xuán hé guō zǐ　huǎn jiá lì shēng
王勃心织　贾逵舌耕　悬河郭子　缓颊郦生

shū chéng fèng wěi　huà diǎn lóng jīng　gōng chén tú gé　xué shì dēng yíng
书成凤尾　画点龙睛　功臣图阁　学士登瀛

lú xié mào chǒu　wèi jiè shén qīng　fēi xióng zài shì　yuán zé sān shēng
卢携貌丑　卫玠神清　非熊再世　圆泽三生

ān qī dōng dù　pān yuè xī zhēng　zhì hé dān diào　zōng yí chuò gēng
安期东渡　潘岳西征　志和耽钓　宗仪辍耕

wèi yāng xíng zhà　yáng hù tuī chéng　lín zōng qīng zhōu　wén jì zhēng gēng
卫鞅行诈　羊祜推诚　林宗倾粥　文季争羹

mào zhēn kē shuì　yáng chéng huǎn zhēng　běi shān xué shì　nán guō xiān sheng
茂贞苛税　阳城缓征　北山学士　南郭先生

wén rén péng jǔ　míng shì dào héng　guàn yuán chén dìng　wéi pǔ sū qīng
文人鹏举　名士道衡　灌园陈定　为圃苏卿

róng fù cāng hǎi　zǔ yǒng péng chéng　wēn gōng wàn juàn　shěn yuē sì shēng
融赋沧海　祖咏彭城　温公万卷　沈约四声

xǔ xún shèng jù　xiè kè yóu qíng　bù qí zǎi shàn　zǐ tuī xiàng jīng
许询胜具　谢客游情　不齐宰单　子推相荆

zhòng yān fù xìng　pān làng cáng míng　pēng chá xiù shí　lù jiǔ yuān míng
仲淹复姓　潘阆藏名　烹茶秀实　漉酒渊明

shàn niàng bái duò　zòng yǐn gōng róng　yí dí zào jiǔ　dé yù tiáo gēng
善酿白堕　纵饮公荣　仪狄造酒　德裕调羹

yìn píng wáng shì　qián xí jiǎ shēng
印屏王氏　前席贾生

jiǔ qīng
九 青

jīng chuán yù shǐ 经传御史 jì zèng tí xíng 偈赠提刑 shì ān zhèng zì 士安正字 cì zhòng tán jīng 次仲谈经

xián zūn zǔ là 咸遵祖腊 kuān shí tiān xīng 宽识天星 jǐng huàn chuí jiè 景焕垂戒 bān gù lè míng 班固勒铭

néng shī dù fǔ 能诗杜甫 shì jiǔ liú líng 嗜酒刘伶 zhāng chuò jiǎn dié 张绰剪蝶 chē yìn náng yíng 车胤囊萤

qú yù xué yǔ 鸜鹆学语 yīng wǔ sòng jīng 鹦鹉诵经

shí zhēng
十 蒸

gōng yuǎn wán yuè 公远玩月 fǎ shàn guān dēng 法善观灯 yàn tóu zhāng yuè 燕投张说 fèng jí xú líng 凤集徐陵

xiàn zhī shū liàn 献之书练 xià sǒng tí líng 夏竦题绫 ān shí zhí niù 安石执拗 wèi dào mó léng 味道模棱

hán chóu liáng fù 韩仇良复 hàn jì bèi cún 汉纪备存 cún lǔ duān mù 存鲁端木 jiù zhào xìn líng 救赵信陵

shào yōng shí luàn 邵雍识乱 líng mǔ zhī xīng 陵母知兴

shí yī yóu
十一 尤

qín gāo chì lǐ 琴高赤鲤 lǐ ěr qīng niú 李耳青牛 míng huáng jié gǔ 明皇羯鼓 yáng dì lóng zhōu 炀帝龙舟

xī shū zhèng xià　sòng yù bēi qiū　cái yā yuán bái　qì tūn cáo liú
羲叔正夏　宋玉悲秋　才压元白　气吞曹刘

xìn qín mèng zé　fān xǐ jiāo zhōu　cáo shēn fǔ hàn　zhōu bó ān liú
信擒梦泽　翻徙交州　曹参辅汉　周勃安刘

tài chū rì yuè　jì yě chūn qiū　gōng chāo chéng shì　cháng rú wéi lóu
太初日月　季野春秋　公超成市　长孺为楼

chǔ qiū shǐ zhuàng　tián yù qǐ xiū　xiàng zhǎng sǔn yì　hán yù dǒu niú
楚邱始壮　田豫乞休　向长损益　韩愈斗牛

jìn chú niàng bù　xuán bài yǐn hóu　gōng sūn dōng gé　páng tǒng nán zhōu
琎除酿部　玄拜隐侯　公孙东阁　庞统南州

yuán dān zhì mào　rén jié xié qiú　zǐ jiāng yuè dàn　ān guó yáng qiū
袁耽掷帽　仁杰携裘　子将月旦　安国阳秋

dé yú xī yè　yǔ liàng nán lóu　liáng yín kuǐ lěi　zhuāng mèng dú lóu
德舆西掖　庾亮南楼　梁吟傀儡　庄梦髑髅

mèng chēng qīng fā　yīn hào fēng liú　jiàn jī zǐ jìng　fàn jì yáng xiū
孟称清发　殷号风流　见讥子敬　犯忌杨修

xún xī lěi luǎn　wáng jī zài zhōu　shā ōu kě xiá　jiāo lù nán qiú
荀息累卵　王基载舟　沙鸥可狎　蕉鹿难求

huáng lián chí shàng　yáng yǒng lóu tóu　cáo bīng xùn sù　lǐ shǐ chí liú
黄联池上　杨咏楼头　曹兵迅速　李使迟留

kǒng míng liú mǎ　tián dān huǒ niú　wǔ hóu qí shàn　jiǔ bì zhēn xiū
孔明流马　田单火牛　五侯奇膳　九婢珍馐

guāng ān gēng diào　fāng mù cháo yóu　shì jī mìng jià　fǎng dài cāo zhōu
光安耕钓　方慕巢由　适嵇命驾　访戴操舟

zhuàn tuī shǐ zhòu　lì shàn zhōng yáo　shào guā wǔ sè　lǐ jú qiān tóu
篆推史籀　隶善钟繇　邵瓜五色　李橘千头

fāng liú yù dài　lín bǔ jīn ōu　sūn yáng shí mǎ　bǐng jí wèn niú
芳留玉带　琳卜金瓯　孙阳识马　丙吉问牛

gě wàng sū xì　niè bào yán chóu　gōng yì bǎi rěn　sūn fǎng sì xiū
盖忘苏隙　聂报严仇　公艺百忍　孙昉四休

qián táng yì dǐ　yàn zi lóu tóu
钱塘驿邸　燕子楼头

shí èr qīn
十二　侵

sū dān jú jǐng　dǒng fèng xìng lín　hàn xuān xù lìng　xià yǔ xī yīn
苏耽橘井　董奉杏林　汉宣续令　夏禹惜阴

méng tián zào bǐ　tài hào zhì qín　jìng wēi xiè kuì　míng shàn cí jīn
蒙恬造笔　太昊制琴　敬微谢馈　明善辞金

suī yáng jiáo chǐ　jīn cáng pī xīn　gù yán liǔ zhī　xuán dé sāng yīn
睢阳嚼齿　金藏披心　固言柳汁　玄德桑阴

jiāng guì dūn fù　sōng bǎi shì lín　dù yù zhuàn pǐ　liú jùn shū yín
姜桂敦复　松柏世林　杜预传癖　刘峻书淫

zhōng huì qiè jiàn　bù yí dào jīn　huán yī nòng dí　zǐ áng suì qín
钟会窃剑　不疑盗金　桓伊弄笛　子昂碎琴

qín zhāng lǐ yì　sū shì wén xīn　gōng quán yǐn jiàn　yùn gǔ xiáng zhēn
琴张礼意　苏轼文心　公权隐谏　蕴古详箴

guǎng píng zuò fù　hé xùn xíng yín　jīng shān qì yù　mèng xué tuò jīn
广平作赋　何逊行吟　荆山泣玉　梦穴唾金

mèng jiā luò mào　sòng yù pī jīn　mò jīng sān bài　huò bèi qī qín
孟嘉落帽　宋玉披襟　沫经三败　获被七擒

yì yá tiáo wèi　zhōng zǐ líng yīn　líng hú bīng yǔ　sī mǎ qín xīn
易牙调味　钟子聆音　令狐冰语　司马琴心

miè míng huǐ bì　páng yùn tóu jīn　zuǒ sī sān fù　chéng yí sì zhēn
灭明毁璧　庞蕴投金　左思三赋　程颐四箴

shí sān tán
十三　覃

táo mǔ jié fà　jiāng hòu tuō zān　dá mó miàn bì　mí lè tóng kān
陶母截发　姜后脱簪　达摩面壁　弥勒同龛

lóng páng jí jiàn　wáng yǎn qīng tán　qīng wēi mò běi　bīn xià jiāng nán
龙逄极谏　王衍清谈　青威漠北　彬下江南

xiá fú guō lìng　shàng shòu tóng cān　xī yīn qǐ qiè　yīn xiàn tóu hán
遐福郭令　上寿童参　郗愔启箧　殷羡投函

yǔ chēng mǐn shàn　lǔ zhí chén hān　shī tú bù suàn　gū fù shǒu tán
禹偁敏赡　鲁直沉酣　师徒布算　姑妇手谈

shí sì yán
十四 盐

fēng yí lǐ kuí　gú xiàng lǚ yán　wèi móu chǐ xǐ　péi dù qiān jiān
风仪李揆　骨相吕岩　魏牟尺縰　裴度千缣

rú zǐ mó jìng　lín shì zhī lián　huà xīn táo nán　shū zǐ bì xián
孺子磨镜　麟士织帘　华歆逃难　叔子避嫌

dào zhī lǐ shè　lǔ jù zhòng yān　wěi shēng qǐ xìn　zhòng zǐ fēi lián
盗知李涉　虏惧仲淹　尾生岂信　仲子非廉

yóu cān lí huò　gé fàn yú yán　wǔ hú fàn lǐ　sān jìng táo qián
由餐藜藿　鬲贩鱼盐　五湖范蠡　三径陶潜

xú miǎo tōng jiè　cuī yǎn kuān yán　yì cāo shǒu jiàn　guī zuì yí jiān
徐邈通介　崔郾宽严　易操守剑　归罪遗缣

shí wǔ xián
十五 咸

shēn qíng zǐ yě　shén shí ruǎn xián　gōng sūn bái zhù　sī mǎ qīng shān
深情子野　神识阮咸　公孙白纻　司马青衫

dí liáng bèi zèn　yáng yì méng chán　bù zhòng yí nuò　jīn shèn sān jiān
狄梁被谮　杨亿蒙谗　布重一诺　金慎三缄

yàn shēng fēi shǎo　zhòng jǔ bù fán　gǔ rén wàn yì　bú jìn zī hán
彦升非少　仲举不凡　古人万亿　不尽兹函

卷一

一　东

粗[1]成四字　诲尔童蒙[2]　经书暇日[3]　子史[4]须通

【注释】①粗:粗略。②诲尔童蒙:教诲你们这些孩童。③经书暇日:学习经书之外的空闲时间。④子史:子,诸子百家的著作;史,史书。

重华[1]大孝　武穆[2]精忠　尧眉八彩[3]　舜目重瞳[4]

【注释】①重华:即舜帝。②武穆:指岳飞。③尧眉八彩:相传尧帝的眉毛有八种颜色。④舜目重瞳:相传舜帝的眼睛有两个瞳孔。

商王[1]祷雨　汉祖歌风[2]　秀[3]巡河北　策[4]据江东

【注释】①商王:指商汤。②汉祖歌风:汉祖,即汉高祖刘邦。他建立汉朝后,途径家乡沛县时,曾击筑而歌:"大风起兮云飞扬,威加海内兮归故乡,安得猛士兮守四方?"③秀:指东汉开国皇帝刘秀。④策:指三国时期吴国政权的奠基者孙策。

太宗怀鹞[1]　桓典乘骢[2]　嘉宾[3]赋雪　圣祖吟虹[4]

【注释】①太宗怀鹞:太宗,指唐太宗李世民。他曾得到一只鹞鹰,有一次把玩时遇谏臣魏徵求见,他便把鹞鹰藏在怀里。而魏徵奏事故意拖延时间,结果鹞鹰被闷死在怀里。②桓典乘骢:桓典,东汉人。他为人正直,不避权势,任侍御史时,因常乘骢马,京城人称:"行行且止,避骢马御史。"③嘉宾:这里指西汉梁孝王的宾友邹阳、枚乘、司马相如等人。④圣祖吟虹:圣祖,指明太祖朱元璋。他曾便装出行,吟《虹霓》诗。

邺仙秋水[①]　宣圣[②]春风　恺崇斗富[③]　浑濬争功[④]

【注释】①邺仙秋水:邺仙,指唐代名臣李泌。他七岁能文,张九龄称之为小友,贺知章曾说“此稚子目如秋水,必拜卿相”,后果应之。②宣圣:指孔子。③恺崇斗富:恺指王恺,崇指石崇,二人均为西晋人,皆有豪奢之名,曾数次比阔斗富。④浑濬争功:浑、濬分别指西晋将军王浑、王濬。二人曾奉命同伐东吴,王濬率先渡江,接受吴主投降,王浑在此之后渡江反诬王濬,二人因此争功不止。

王伦使虏[①]　魏绛和戎[②]　恂[③]留河内　何[④]守关中

【注释】①王伦使虏:王伦,两宋时期人。他曾多次出使北方,与金国议和,后被金国拘留,屈辱死去。②魏绛和戎:魏绛,春秋时期晋国人。他曾力主与戎族交好,后被派去与戎族结盟,实现了晋国和戎族的和平往来。③恂:指东汉开国名将寇恂。④何:指西汉开国功臣萧何。

曾除丁谓[①]　皓折贾充[②]　田骄贫贱[③]　赵别雌雄[④]

【注释】①曾除丁谓:曾,即王曾,宋仁宗时宰相,为人直言敢谏;丁谓,宋真宗时宰相,为人奸猾诡诈,为百姓所憎恨。②皓折贾充:皓,即孙皓,三国时吴国末代国主;贾充,西晋大臣,曾事曹魏,后依附司马氏,谋弑魏帝,为奸诈不忠之人。孙皓降晋后,贾充责问孙皓曾用酷刑,孙皓说对于奸诈不忠的人应该予以酷刑,贾充闻之哑口无言。③田骄贫贱:田,指田子方,战国时人。他为人有傲骨,认为国君、卿大夫不可骄傲,否则将失国、失家,而贫贱者如果不被任用,还可以到别处去,故可骄傲。④赵别雌雄:赵,即东汉赵温。此人有大志,为京兆郡丞,曾叹曰:“大丈夫当雄飞,安能雌伏!”遂弃官而去。

王戎[①]简要　裴楷清通　子尼[②]名士　少逸[③]神童

【注释】①王戎:西晋人,“竹林七贤”之一,与裴楷同为西晋名士。②子尼:即蔡充,西晋人。③少逸:即刘少逸,北宋人。

巨伯高谊① 许叔阴功② 代雨李靖③ 止雹王崇④

【注释】①巨伯高谊：巨伯，指荀巨伯，东汉人。胡人曾因其义气，退兵放弃攻打一城郡。②许叔阴功：许叔，指南宋名医许叔微；阴功，不为人所知的善行。③李靖：唐代开国功臣。④王崇：北魏人，有孝行，曾因父母去世而悲痛欲绝。

和凝衣钵① 仁杰药笼② 义伦③清节 展获④和风

【注释】①和凝衣钵：和凝，五代人，为人好行善事，喜欢赞扬后辈。②仁杰药笼：仁杰，即唐代名相狄仁杰。狄仁杰曾将博学多才的通事舍人元澹比作自己药笼里的药物，不可一日无。③义伦：即沈伦，北宋人，为人清正廉洁。④展获：春秋时鲁国大夫，孟子称之为柳下惠，并称其为“圣之和者也”。

占风令尹① 辩日儿童 敝履东郭② 粗服张融③

【注释】①占风令尹：相传周朝官吏尹喜为函谷关令时，望见有紫气浮关，又观测了风向，认为将有高人经过，后果见老子乘青牛而过。②敝履东郭：西汉武帝时，有一位东郭先生，贫困潦倒，鞋子有面无底，脚底直接与地面接触，路人都嘲笑他，他却逍遥自如。③粗服张融：张融，南朝齐人，为人廉洁朴素，因常穿着粗陋的衣服，齐高帝曾下诏赐衣服给他。

卢杞①除患 彭宠②言功 放歌渔者③ 鼓枻诗翁④

【注释】①卢杞：唐代人。②彭宠：东汉人。③放歌渔者：唐代有一个渔翁，常在楚江垂钓，钓到鱼就拿去换酒，还放声歌唱。④鼓枻诗翁：枻，桨。宋代人卓彦恭曾路过洞庭，见一老翁在月下泛舟，便问他有鱼否，老翁答曰：“无鱼有诗。”然后一边划动船桨，一边吟诗而去。

韦文朱武① 阳孝尊忠② 倚闾贾母③ 投阁扬雄④

【注释】①韦文朱武：韦，指前秦人韦逞；朱，指东晋人朱序。②阳孝尊忠：阳，指西汉人王阳；尊，指西汉人王尊。③倚闾贾母：闾，指里巷的大门。战国时齐国王孙贾每暮出而不归的时候，他母亲就担心得倚着里巷的大门等候他。④投阁扬雄：扬雄，西汉文学家。王莽时，扬雄的门人刘芬因符命获罪而被流放，扬雄怕被株连，就从阁上跳下，几乎摔死。

梁姬值虎①　冯后当熊②　罗敷③陌上　通德宫中④

【注释】①梁姬值虎：南宋名将韩世忠的夫人梁氏未出嫁时，曾看见老虎蹲卧廊间，后来再去看，发现原来是一个睡着的士卒，乃是当时籍籍无名的韩世忠。②冯后当熊：汉元帝游虎园时，突然跑出一头熊，其妃冯婕妤用身体挡住熊，由此而得宠。③罗敷：即秦罗敷，汉代人，是邯郸著名的美女。④通德宫中：通德，指西汉人樊通德，为西汉人伶玄的妾。相传她熟知赵飞燕姐妹的事迹，曾和丈夫伶玄谈及宫内之事。后伶玄据她所述，写成《赵飞燕外传》。

二　冬

汉称七制①　唐羡三宗②　杲卿断舌③　高祖伤胸④

【注释】①七制：指西汉的汉高祖、汉文帝、汉武帝、汉宣帝和东汉的汉光武帝、汉明帝、汉章帝。②三宗：指开创贞观之治的唐太宗、开辟开元盛世的唐玄宗和实现唐室中兴的唐宪宗。③杲卿断舌：杲卿，指唐代名臣颜杲卿。唐代安史之乱中，他被安禄山俘虏后，大骂乱贼，宁死不屈，后断舌而死。④高祖伤胸：楚汉相争时，刘邦曾被项羽的弓弩手射中胸部，为了不扰乱军心，他谎称被敌人射中了脚趾。

魏公①切直　师德②宽容　祢衡一鹗③　路斯九龙④

【注释】①魏公：指北宋大臣韩琦，被封为魏国公。②师德：指唐代大臣娄师德。③祢衡一鹗：祢衡，东汉文学家，为人孤傲，才华极高；鹗，即鱼鹰，性情凶猛，比喻有才能的人。孔融对祢衡极为看重，将之比作“一鹗”。④路斯九龙：路斯，指唐代人张路斯。他和夫人生有九个儿子，被称为“九龙”。

纯仁助麦[1]　丁固梦松[2]　韩琦芍药[3]　李固芙蓉[4]

【注释】①纯仁助麦：纯仁，指范纯仁，北宋名臣范仲淹之子。他曾奉父命送五百斛小麦回家，途中遇到诗人石延年，得知其无钱解决家事，便把麦子全部送给石延年。他的行为得到了父亲的赞许。②丁固梦松：丁固，东汉人。他曾梦到自己腹上生出一棵松树，解梦人称松字是“十八公”，认为他十八年后会位列公卿，后果然应验。③韩琦芍药：韩琦，北宋名臣。据说他在江都为官时，当地最为罕见的“金带围”芍药花开了四支，他和王安石等四人便各戴一支，后四人皆官拜宰相。④李固芙蓉：李固，唐代人。他科考落第后在蜀地遇见一位老妇人，对方预言其次年将在芙蓉镜下科举及第，后来果如其言。

乐羊七载[1]　方朔三冬[2]　郊祁并第[3]　谭尚相攻[4]

【注释】①乐羊七载：乐羊，指东汉乐羊子。他曾外出求学，历经七年，学成方回家。②方朔三冬：方朔，指西汉名臣东方朔；三冬，三年。③郊祁并第：北宋文学家宋郊和宋祁兄弟二人一起参加科举考试，并同时考中。④谭尚相攻：东汉末年，袁绍之子袁谭和袁尚在袁绍死后争夺冀州，互相残杀。

陶违雾豹[1]　韩比云龙[2]　洗儿妃子[3]　校士昭容[4]

【注释】①陶违雾豹：陶，指陶答子，战国时期人。其妻子以豹子在雨雾天气为润泽皮毛长成斑纹去藏身避害而不下山觅食的故事规劝他不要贪图富贵。陶答子不听，后来果然被诛杀。②韩比云龙：唐代文学家韩愈曾把自己和孟郊比作云和龙，表达自己对孟郊的情意。③洗儿妃子：杨贵妃曾收安禄山为养子，在宫中为之行“洗儿”礼。④校士昭容：昭容，唐代女官名，这里指上官婉儿。上官婉儿做昭容时，曾品评当时文臣学士诗文的优劣。

彩鸾书韵[1]　琴操参宗[2]

【注释】①彩鸾书韵：彩鸾传说为唐代吴猛的女儿。她嫁给书生文箫，因文箫家贫，彩鸾便每天抄写一部韵书卖钱度日。②琴操参宗：琴操，北宋时杭州著名歌妓；参宗，指参禅顿悟。

三 江

古帝凤阁① 刺史鸡窗② 亡秦胡亥 兴汉刘邦

【注释】①古帝凤阁：相传黄帝知凤凰到来预示着天下太平，便在宫殿斋戒，祈祷凤凰到来。②刺史鸡窗：刺史，指晋代兖州刺史宋宗。传说他曾在窗前养了一只长鸣鸡，后来这只鸡竟然能说人话，同他谈论玄理。

戴生①独步 许子②无双 柳眠汉苑 枫落吴江

【注释】①戴生：指东汉人戴良。②许子：指东汉学者许慎。

鱼山警植① 鹿门隐庞② 浩③从床匿 崧避杖撞④

【注释】①鱼山警植：曹植曾登临鱼山，听到岩洞中有念经的声音，不禁肃然起敬。②鹿门隐庞：庞，指东汉隐士庞德公。他不愿为官，为拒绝荆州刺史刘表的邀请，携妻子隐居鹿门山。③浩：指唐代诗人孟浩然。④崧避杖撞：崧，指东汉大臣药崧。汉明帝曾发怒指责药崧，还用杖打他，药崧躲到床底下藏身。

刘诗瓿覆① 韩文鼎扛② 愿归盘谷③ 杨忆石淙④

【注释】①刘诗瓿覆：刘，指明代开国功臣刘基；瓿，罐子；覆，覆盖。瓿覆，常比喻著述价值不高。②韩文鼎扛：唐代文学家韩愈所作文章笔力雄厚，很有气势，像能够把鼎举起来一样。③愿归盘谷：唐代人李愿曾在盘谷隐居。④杨忆石淙：明代大臣杨一清的故乡有一处风景名胜“石淙流韵”，他因感念故乡，便以石淙作为自己的别号。

弩名克敌① 城筑受降② 韦曲杜曲③ 梦窗草窗④

【注释】①弩名克敌：即克敌弓，为南宋抗金名将韩世忠所造。②城筑受降：即受降城，在今内蒙古，是汉代将军公孙敖为接受匈奴投降而筑。③韦曲杜曲：韦曲，指唐代名臣韦安石所居之地；杜曲，指唐代名臣杜佑所居之地。④梦窗草窗：梦窗，指南宋词人吴文英，著有《梦窗词》；草窗，指南宋词人周密，著有《草窗词》。

灵征刍狗[①] 诗祸花龙[②] 嘉贞丝幔[③] 鲁直彩缸[④]

【注释】①灵征刍狗：三国时的周宣善解梦。当时的魏国太史曾三次假称自己梦到刍狗，以之来试探周宣，而周宣三次解梦均应验。②诗祸花龙：明代人高启为宫女图题诗，诗中有"小龙隔花空吠影"句。此诗被皇帝视为讽刺诗，高启因之被杀。③嘉贞丝幔：唐代张嘉贞想招郭元振为婿，便令五个女儿各持一根丝线站在布幔后面，让郭元振从中选取一根，持有这根丝线的女儿就嫁给郭元振。④鲁直彩缸：鲁直，指北宋词人黄庭坚。他为儿子向苏轼的孙女求婚，在纳吉时用彩绸缠缸，以示诚意。

四　支

王良策马[①] 傅说骑箕[②] 伏羲[③]画卦 宣父删诗[④]

【注释】①王良策马：王良，星官名。王良星附近有四星，称为天驷，四星齐行，即"王良策马"，预示天下将大乱。②傅说骑箕：傅说，商代武丁时的宰相，死后成为天上的傅说星；箕，星座名。傅说星位于箕、尾星宿之间。③伏羲：上古三皇之一。④宣父删诗：宣父，指孔子；诗，指《诗经》。

高逢白帝[①] 禹梦玄彝[②] 寅陈七策[③] 光进五规[④]

【注释】①高逢白帝：高，指汉高祖刘邦。②禹梦玄彝：禹，即大禹。他治水时经过衡山，按照梦中一个叫玄彝的人的指示，得到了写有治水方法的书简。③寅陈七策：寅，指南宋人胡寅。他曾上书宋高宗，提出抗金复国的七策。④光进五规：光，指北宋名臣司马光。他曾向宋仁宗进谏"五规"。

鲁恭三异[①] 杨震[②]四知 邓攸弃子[③] 郭巨埋儿[④]

【注释】①鲁恭三异：鲁恭，东汉大臣。他任中牟令时，辖境内蝗虫不侵、德化有方、童子有仁爱之心，这三种情况被视为不同寻常。②杨震：东汉人，为官清廉。③邓攸弃子：邓攸，晋代人。西晋战乱时，邓攸带着儿子和侄儿逃难，因为不能同时保护好两个孩子，为了保全侄儿，他舍弃了自己的儿子。④郭巨埋儿：郭巨，东汉人。他为人孝顺，因家境穷困，便打算活埋儿子以养活老母。

公瑜嫁婢[1]　处道还姬[2]　允诛董卓[3]　玠杀王夔[4]

【注释】①公瑜嫁婢：公瑜，指钟离瑾，北宋人。他任德化县令的时候，买了个婢女为女儿陪嫁。后知道婢女是前任县令的女儿，便像对待自己的女儿一样将她嫁出去。②处道还姬：处道，指隋代大臣杨素。前朝陈国的乐昌公主在战乱中和驸马徐德言各执一半破镜相约，后乐昌公主流落为杨素家姬。杨素知道二人的约定后，召见徐德言，把公主还给了他。③允诛董卓：允，即王允，东汉大臣；董卓，东汉奸臣。④玠杀王夔：玠，指余玠，南宋人；王夔，南宋人。

石虔[1]矫捷　朱亥[2]雄奇　平叔傅粉[3]　弘治凝脂[4]

【注释】①石虔：即桓石虔，东晋人。②朱亥：战国时魏国人。③平叔傅粉：平叔，指何晏，三国时期曹魏名士。何晏相貌俊美，肌肤皎白，曾被人怀疑脸上敷了粉。④弘治凝脂：弘治，指东晋大臣杜乂。杜乂容貌秀美，皮肤极好，被人称赞为“面若凝脂”。

伯俞泣杖[1]　墨翟悲丝[2]　能文曹植　善辩张仪[3]

【注释】①伯俞泣杖：伯俞，指西汉人韩伯俞。他曾犯下过错，其母亲用木杖打他，他因这次挨打没有以往被母亲杖打痛而察觉母亲已年迈力衰，故痛哭不止。②墨翟悲丝：墨翟，春秋战国时期的思想家。他因看到人们染丝的过程而悲叹丝线放在什么颜料里就会被染成什么颜色，因此不能不慎重。③张仪：战国时期人，曾任秦国相国。

温公警枕[1]　董子下帷[2]　会书张旭[3]　善画王维[4]

【注释】①温公警枕：温公，指北宋名臣司马光。他读书非常刻苦，因为担心夜间熟睡耽误读书，便以圆木为枕头，圆木一滚动就醒来继续读书。②董子下帷：董子，指西汉学者董仲舒。他曾为了研习经书，放下室内悬挂的帷幕，三年不看窗外事。③张旭：唐代著名书法家，擅长草书。④王维：唐代著名诗人、画家。

周兄无慧① 济叔不痴② 杜畿国士③ 郭泰④人师

【注释】①周兄无慧：周，指春秋时期的晋悼公周子。因为周子的长兄没有智慧，不能担当国君的重任，所以周子被立为国君。②济叔不痴：济，指西晋大臣王济。他的叔父王湛因为不愿表现自己，隐藏自己的才能，而被认为是个“痴人”。③杜畿国士：东汉杜畿非常有才干，被视为国之栋梁。④郭泰：东汉著名学者。

伊川传易① 觉范论诗② 董昭③救蚁 毛宝④放龟

【注释】①伊川传易：伊川，指北宋著名理学家程颐；易，指《易经》。②觉范论诗：觉范，指南宋僧人彭觉范。他擅长写诗，曾与弟子探论诗歌的情趣。③董昭：东汉人。④毛宝：东晋人。

乘风宗悫① 立雪杨时② 阮籍青眼③ 马良④白眉

【注释】①乘风宗悫：宗悫，南朝宋人。宗悫少年时便胸怀大志，其叔父曾问他的志向，他说：“愿乘长风破万里浪。”②杨时：北宋学者。③阮籍青眼：阮籍，魏晋之际的名士；青眼，指正眼看人，与白眼相对。④马良：三国时期蜀汉人。

韩子孤愤① 梁鸿五噫② 钱昆③嗜蟹 崔谌乞麋④

【注释】①韩子孤愤：韩子，指战国时期的韩非子。他著有《孤愤》一书阐述自己的思想。②梁鸿五噫：梁鸿，东汉人。他曾作《五噫歌》讽刺统治者的骄奢淫逸。③钱昆：北宋人。④崔谌乞麋：崔谌，北齐人；麋，麋鹿，这里指麋鹿的角。

隐之①卖犬 井伯烹雌② 枚皋敏捷③ 司马④淹迟

【注释】①隐之：指东晋吴隐之。②井伯烹雌：井伯，指春秋时期的百里奚；雌，这里指母鸡。③枚皋敏捷：枚皋，西汉文学家，其人才思敏捷。④司马：指司马相如。

祖莹称圣[①] 潘岳诚奇[②] 紫芝眉宇[③] 思曼[④]风姿

【注释】①祖莹称圣：祖莹，北魏文学家，八岁便被人们称为“圣小儿”。②潘岳诚奇：潘岳，西晋文学家，少年时便被人们称为“奇童”。③紫芝眉宇：紫芝，指唐代元德秀，为人品行高洁，当时的人声称看到紫芝的眉宇，就会使人尽除名利之心。④思曼：指张绪，南朝齐人。

毓会[①]窃饮 谌纪成糜[②] 韩康[③]卖药 周术茹芝[④]

【注释】①毓会：指钟毓和钟会兄弟，三国时期曹魏人。②谌纪成糜：谌纪，指陈谌和陈纪兄弟，东汉人。二人年少蒸饭时曾因专注于偷听父亲与客人的谈话，而忘记把蒸饭的竹箪放进锅里，以至于把饭煮成了粥。③韩康：东汉高士。④周术茹芝：周术，秦末汉初的隐士。他曾作《采芝歌》表明自己的隐逸之心。

刘公殿虎[①] 庄子涂龟[②] 唐举善相[③] 扁鹊[④]名医

【注释】①刘公殿虎：刘公，指北宋刘安世。他任谏官时，在朝堂上直言极谏，无所避讳，被称为“殿上虎”。②庄子涂龟：庄子，战国时期道家代表人物。他曾以龟更愿意活着在泥堆里自由爬行而不愿意死了被人看重供奉来表明心意，拒绝国君邀他做官的请求。③唐举善相：唐举，战国时人，善于看相算命。④扁鹊：战国时人。

韩琦[①]焚疏 贾岛祭诗[②] 康侯[③]训侄 良弼课儿[④]

【注释】①韩琦：北宋大臣，为人刚正不阿。②贾岛祭诗：贾岛，唐代诗人。相传他每年除夕都会挑选自己一年所作的诗，以酒肉来祭。③康侯：指北宋学者胡安国。④良弼课儿：良弼，指南宋余良弼。他很重视对子女的教育，曾作《教子诗》。

颜狂莫及[①] 山器[②]难知 懒残煨芋[③] 李泌烧梨[④]

【注释】①颜狂莫及：颜，指颜延之，南朝宋人，为人才华斐然而狂放不羁。

②山器：山，指山涛，魏晋名士；器，器量。③懒残煨芋：懒残，指唐代高僧明瓒。唐德宗闻其名，曾派人请他出山，他却只顾烤芋头吃，拒绝了朝廷的邀请。④李泌烧梨：李泌，唐代名臣。他曾在宫中与皇帝谈话，皇帝亲自烧梨给他吃。

干椹杨沛[1]　焦饭陈遗[2]　文舒[3]戒子　安石[4]求师

【注释】①干椹杨沛：东汉时，杨沛曾督促百姓储藏桑葚干、豆类以备急用。②焦饭陈遗：焦饭，即锅巴；陈遗，东晋人。③文舒：即王昶，东汉人。④安石：即北宋名臣王安石。

防年末减[1]　严武称奇[2]　邓云艾艾[3]　周曰期期[4]

【注释】①防年末减：防年，西汉人。他为父报仇杀其继母，考虑到其缘由，汉景帝将其从轻发落。②严武称奇：严武，唐代人。他八岁时因母亲受冷落，便杀死了父亲宠爱的妾室玄英，称天下哪里有士大夫宠爱妾室而冷落妻子的事情。他的父亲听了这番话，连连称奇。③邓云艾艾：邓，指三国时期魏国大将邓艾。他因说话结巴，时常把姓名说成"艾艾"。④周曰期期：周，指西汉大臣周昌。他有口吃的毛病，有时说话会发出"期期"的语气。

周师猿鹄[1]　梁相鵷鸱[2]　临洮大汉[3]　琼崖小儿[4]

【注释】①周师猿鹄：周师，此处指春秋时期周穆王的军队。传说周穆王曾率军南征，全军覆没，将官们化为猿和鹄。②梁相鵷鸱：庄子将梁相的位置比作腐烂的老鼠，称自己就像高洁的鵷鶵，根本就不屑吃腐鼠，而担心自己抢夺其相位的惠施就像以腐鼠为宝的猫头鹰。③大汉：指巨人。④琼崖小儿：据说北宋琼崖人杨避举的父祖均有百余岁，其九代祖先不知年岁，以小儿模样在世。

东阳[1]巧对　汝锡[2]奇诗　启期三乐[3]　藏用五知[4]

【注释】①东阳：指明代文人李东阳，他幼年时便聪明过人。②汝锡：指北宋文人陈汝锡。③启期三乐：启期，指春秋时期的隐士荣启期。他曾回答孔子自己快乐的原因有三个：为人、为男子、得长寿。④藏用五知：藏用，指李若拙，北宋人。他曾作《五知先生传》总结自己为官的心得。

堕甑叔达[1]　发瓮钟离[2]　一钱诛吏　半臂[3]怜姬

【注释】①堕甑叔达：东汉人孟敏客居在外的时候，背着的饭甑摔碎在地上，他看也不看继续往前走。②发瓮钟离：钟离，指钟离意，东汉人。他出资修建孔庙时，挖出一个瓮。③半臂：这里指古代的短袖上衣。

王胡[1]索食　罗友乞祠[2]　召父杜母[3]　雍友杨师[4]

【注释】①王胡：即王胡之，东晋名士。②罗友乞祠：罗友，东晋人。他好酒如命，常常去讨要别人在宗祠祭祀过祖先的酒食，且不以之为羞。③召父杜母：召，指西汉召信臣；杜，指东汉杜诗。二人均为爱民如子、造福百姓的好官。④雍友杨师：雍，指南宋雍退翁；杨，指南宋杨冲远。

直言解发[1]　京兆画眉[2]　美姬工笛　老婢吹篪[3]

【注释】①直言解发：直言，指唐代贾直言。他曾被流放南海，临走前劝妻子改嫁。其妻将头发束起来，表示不再解开头发，除非等丈夫回来亲自解开。②京兆画眉：京兆，指西汉京兆尹张敞。他曾亲自为妻子画眉。③篪：古代的竹管乐器，类似于笛。

五　微

敬叔受饷[1]　吴祐遗衣[2]　淳于窃笑[3]　司马微讥[4]

【注释】①敬叔受饷：敬叔，指何敬叔，南朝齐人。其为官清廉，不受私贿。②吴祐遗衣：吴祐，东汉人；遗，赠送。③淳于窃笑：淳于，指战国时期的淳于髡。他曾笑话齐王想以微薄的礼物去获取赵国的援助。④司马微讥：司马，指唐代道士司马承祯。曾在终南山隐居的官员卢藏用劝司马承祯去终南山修道，不必回天台山。司马承祯说，去终南山修炼只是捞官的捷径罢了，以此暗讽卢藏用。

子房辟谷① 公信②采薇 卜商③闻过 伯玉④知非

【注释】①子房辟谷:子房,指西汉开国功臣张良;辟谷,不食五谷,为道教的一种修炼术。②公信:指伯夷,商末人。③卜商:指孔子的弟子子夏,春秋时人。④伯玉:即蘧瑗,字伯玉,春秋时人。

仕治远志① 伯约当归② 商安鹑服③ 章泣牛衣④

【注释】①仕治远志:仕治,指郝隆,东晋人;远志,中药名,又名小草。②伯约当归:伯约,指姜维,三国时蜀汉人;当归,中药名。③商安鹑服:商,指孔子的弟子卜商;鹑服,指破旧的衣服。④章泣牛衣:章,指西汉王章;牛衣,指用麻或草织的给牛保暖的护被。

蔡陈①善谑 王葛②交讥 陶公运甓③ 孟母断机④

【注释】①蔡陈:指北宋的蔡襄与陈亚。②王葛:指东晋名士王导和诸葛恢。③陶公运甓:陶公,指东晋名将陶侃;甓,砖。④孟母断机:孟子的母亲曾把织布机上的布剪断,以之劝诫孟子学习不要半途而废。

六 鱼

少帝①坐膝 太子②牵裾 卫懿③好鹤 鲁隐④观鱼

【注释】①少帝:指西晋明帝司马绍。②太子:指西晋愍怀太子司马遹。③卫懿:指春秋时期卫国国君卫懿公。④鲁隐:指春秋时期鲁国国君鲁隐公。

蔡伦①造纸 刘向②校书 朱云折槛③ 禽息击车④

【注释】①蔡伦:东汉宦官。②刘向:西汉学者。③朱云折槛:朱云,西汉人。

他曾因上书斩杀佞臣张禹而惹怒皇帝，被拉出朝堂问罪时，他拼命抓住大殿的门槛，把门槛都拉折了。④禽息击车：禽息，春秋时期秦国大臣。他曾向国君推举百里奚，未被接受，他便以头撞击国君的车驾，国君深受感动，采纳了他的建议。

耿恭[1]拜井　郑国穿渠[2]　国华[3]取印　添丁抹书[4]

【注释】①耿恭：东汉人。②郑国穿渠：郑国，战国时期人。他曾劝说秦王修建水渠，给秦国带来长远之利。③国华：指北宋开国名臣曹彬。④添丁抹书：唐代诗人卢仝的儿子卢添丁年幼时喜欢在书上乱涂乱抹，被卢仝写诗调笑。

细侯竹马[1]　宗孟银鱼[2]　管宁[3]割席　和峤[4]专车

【注释】①细侯竹马：细侯，指东汉郭细候。他为官清廉，深得民心，去并州做官的时候，当地有数百个小孩骑着竹马来迎接他。②宗孟银鱼：宗孟，指北宋蒲宗孟；银鱼，古代官员按品级佩戴的挂饰。③管宁：汉魏时期人。④和峤：西晋名士。

渭阳袁湛[1]　宅相魏舒[2]　永和拥卷[3]　次道[4]藏书

【注释】①渭阳袁湛：渭阳，指舅甥之情。袁湛的外甥谢绚曾在公开场合对其无礼，他责问谢绚不顾舅甥之情。②宅相魏舒：魏晋名臣魏舒少时在外婆家生活，相宅先生看了其家宅风水说必出贤甥，魏舒便自负地说自己一定会让这相宅先生的预言成真。③永和拥卷：永和，指北魏藏书家李谧。他认为大丈夫拥书万卷比位居高职更有意义。④次道：指北宋藏书家宋次道。

镇周[1]赠帛　宓子驱车[2]　廷尉罗雀[3]　学士焚鱼[4]

【注释】①镇周：指唐代张镇周。②宓子驱车：宓子，指孔子的弟子宓不齐。他新官上任时，当地的权贵纷纷驾车来迎接他，他把这些车全赶走了。③廷尉罗雀：廷尉，指西汉名臣翟方进。他身居高位时，常常宾客盈门，被罢官后，家门前空空荡荡，几乎可以捕雀。④学士焚鱼：学士，指南朝梁人张褒。他因被人弹劾，便焚毁了佩戴的银鱼，辞官而去。

冥鉴季达[1]　预识卢储[2]　宋均渡虎[3]　李白乘驴

【注释】①冥鉴季达：季达，指杨仲希，宋代人。他的妻子梦见他坐怀不乱的事情被神明知道，神明称杨仲希科考将得以高中。后来果然如此。②预识卢储：卢储，唐代人。他曾以所作诗文投拜尚书李翱，李翱的大女儿看到后，称其会高中状元。次年卢储果然高中榜首。③宋均渡虎：宋均，东汉人。他在九江当官的时候，当地常有老虎伤人，即使设置陷阱也不能避免。宋均认为这是因为吏治不明，应该进忠言、退奸吏，后来老虎果然向东渡江而去。

仓颉[1]造字　虞卿[2]著书　班妃辞辇[3]　冯诞同舆[4]

【注释】①仓颉：黄帝时的史官。②虞卿：战国时期游士。③班妃辞辇：班妃，即班婕妤，西汉成帝的妃子。她曾拒绝汉成帝邀其同乘一车的好意，称明君当有贤臣在侧，而不应与嫔妃同行。④冯诞同舆：北魏大臣冯诞曾与皇帝同乘一车。

七　虞

西山精卫[1]　东海麻姑[2]　楚英[3]信佛　秦政坑儒[4]

【注释】①西山精卫：传说炎帝的女儿渡海被淹死后，化作精卫鸟，每天从西山衔石头来填海。②东海麻姑：传说东海有一个神仙麻姑。③楚英：指刘英，东汉光武帝之子，被封为楚王。④秦政坑儒：秦始皇嬴政曾下令活埋了四百多个儒生。

曹公[1]多智　颜子[2]非愚　伍员覆楚[3]　勾践灭吴[4]

【注释】①曹公：指曹操。②颜子：指孔子的弟子颜回。③伍员覆楚：伍员，指春秋时期的伍子胥。他因父亲和兄长被楚王杀害，便逃到吴国，说服吴王攻破楚国，替父兄报了仇。④勾践灭吴：春秋时期，越国被吴国打败后，越国国君勾践卧薪尝胆、立志复仇，最终灭掉了吴国。

君谟龙片① 王肃酪奴② 蔡衡③辨凤 义府题乌④

【注释】①君谟龙片:君谟,指北宋名臣蔡襄。据说宋代的茶中精品“龙凤团”的制作方法是由蔡襄完善的。②王肃酪奴:王肃,南北朝人。他曾把茶比作酪的奴仆,称之为“酪奴”。③蔡衡:东汉人。④义府题乌:义府,指唐代李义府。他曾被唐太宗要求以乌鸦为题作诗,诗作得到皇帝的赞赏。

苏秦刺股① 李勣焚须② 介诚狂直③ 端④不糊涂

【注释】①苏秦刺股:苏秦,战国时期人;股,大腿。②李勣焚须:李勣,唐朝名将。他曾亲自为生病的姐姐煮粥,把自己的胡须都烧着了。③介诚狂直:介,指石介,北宋人。他为人性格耿直,直言敢谏。④端:指吕端,北宋人。

关西孔子① 江左夷吾② 赵抃③携鹤 张翰④思鲈

【注释】①关西孔子:东汉的杨震是关西华阴人,他精通经史、博学多识,被人誉为“关西孔子”。②江左夷吾:夷吾,春秋时期齐国的贤臣管夷吾。东晋的王导联合江南士族,稳定了东晋在江左的统治,被人称为“江左夷吾”。③赵抃:北宋人。④张翰:西晋人。

李①佳国士 聂②悯田夫 善讴王豹③ 直笔董狐④

【注释】①李:指东汉名臣李膺。②聂:指唐代诗人聂夷中。③善讴王豹:王豹,春秋时期人。据说他非常善于唱歌。④直笔董狐:董狐,春秋时期晋国的史官。他不畏强权,坚持原则,对于史实秉笔直书。

赵鼎①倔强 朱穆②专愚 张侯化石③ 孟守还珠④

【注释】①赵鼎:南宋名臣。②朱穆:东汉人。③张侯化石:张侯,西汉人。他曾看见一只山雀模样的鸟坠地化为石头,石头里面藏有一枚印有“忠孝侯印”字样的

金印。④孟守还珠：孟守，指西汉孟尝。他担任合浦太守时，一改前政，合理取珠，使迁徙至其他水域的珠蚌又迁回合浦。

毛遂脱颖[1]　终军弃繻[2]　佐卿化鹤[3]　次仲为乌[4]

【注释】①毛遂脱颖：战国时期的毛遂把自己比作穿透布袋显露出来的锥尖，表示将展现自己的全部本领。②终军弃繻：终军，西汉人；繻，古代出入关口的凭证。③佐卿化鹤：佐卿，指徐佐卿，唐代道士。传说他曾化作孤鹤，被唐玄宗射伤。④次仲为乌：次仲，指王次仲，秦代道士。传说他为躲避秦始皇的征召，化为乌鸦飞走了。

韦述杞梓[1]　卢植[2]楷模　士衡黄耳[3]　子寿飞奴[4]

【注释】①韦述杞梓：韦述，唐代史官；杞梓，皆为优质木材，比喻优秀人才。②卢植：东汉人。③士衡黄耳：士衡，指西晋文学家陆机。他养了一只叫黄耳的狗，据说这只狗曾替他从京城洛阳向家乡吴中送信。④子寿飞奴：子寿，指唐代名臣张九龄。他曾养鸽子来帮助传信，称鸽子为“飞奴”。

直笔吴兢[1]　公议袁枢[2]　陈胜辍锸[3]　介子弃觚[4]

【注释】①吴兢：唐代史官。②公议袁枢：袁枢，南宋史官。他认为史官记史要公正，不能辜负后世的公议。③陈胜辍锸：陈胜，秦末农民起义领袖；辍，丢弃、扔下；锸，一种农具。④介子弃觚：介子，傅介子，西汉人；觚，古代用来书写的木简。傅介子年少时便有远大志向，曾扔掉手中的木简说大丈夫当到异域立功，不能坐在屋里当一个老儒生。

谢名蝴蝶[1]　郑号鹧鸪[2]　戴和书简[3]　郑侠呈图[4]

【注释】①谢名蝴蝶：谢，指北宋诗人谢逸。他作诗喜欢以蝴蝶为题材，因此得名“谢蝴蝶”。②郑号鹧鸪：郑，指唐代诗人郑谷。他因《鹧鸪》一诗而得名，人称“郑鹧鸪”。③戴和书简：戴和，西汉人。他每结交到亲密的朋友就把事情记录在书简上。④郑侠呈图：郑侠，北宋人。他曾将一幅《流民图》呈给皇帝，使皇帝废除了一些不利于百姓的规定。

瑕丘[①]卖药　郫令投巫[②]　冰山右相[③]　铜臭司徒[④]

【注释】①瑕丘：唐代人。②郫令投巫：郫令，指战国时期的西门豹。他任郫令时，曾设计把装神弄鬼、蒙蔽百姓的巫婆投入水中。③右相：指唐代权相杨国忠。④司徒：指东汉人崔烈。

武陵渔父　闽越樵夫[①]　渔人鹬蚌[②]　田父毚卢[③]

【注释】①樵夫：砍柴的人。②渔人鹬蚌：一只鹬鸟啄蚌肉，被河蚌夹住嘴，二者相持不下，渔夫见了，轻易地把它们一起捉走了。③田父毚卢：毚，兔子；卢，狗。跑得最快的狗追逐最狡猾的兔子，二者互不放松，最终在筋疲力尽之时被农夫毫不费力地捕获。

郑家诗婢[①]　郗氏文奴[②]

【注释】①郑家诗婢：郑，指郑玄，东汉儒学大家。据说郑玄家里的奴婢，能以《诗经》中的诗句对话。②郗氏文奴：郗，指郗愔，东晋名士。据说郗愔家有一个仆人很会写文章。

卷二

八　齐

子晋牧豕[①]　仙翁祝鸡[②]　武王归马[③]　裴度还犀[④]

【注释】①子晋牧豕：子晋，西汉人；豕，猪。②祝鸡：发出“祝祝”声来召唤鸡。③武王归马：周武王姬发在灭掉商纣之后，将战马放归华山之南，表示不再使用武力。④裴度还犀：唐代名臣裴度曾在游玩时捡到一条犀牛带，并将之还给失主。

重耳霸晋[①]　小白兴齐[②]　景公禳彗[③]　窦俨占奎[④]

【注释】①重耳霸晋：重耳，指春秋时期晋国国君晋文公。他任用贤臣，使得晋国称霸诸侯。②小白兴齐：小白，指春秋时期齐国国君齐桓公。他任用管仲为相，使齐国得到兴盛，成为强国。③景公禳彗：景公，指春秋时期齐国国君齐景公；禳，祈祷；彗，彗星。④窦俨占奎：窦俨，北宋人；奎，星宿名。窦俨曾推算出丁卯年五星将在奎宿相聚，从此天下太平，后果然应验。

卓敬冯虎[①]　西巴释麑[②]　信陵捕鹞[③]　祖逖[④]闻鸡

【注释】①卓敬冯虎：卓敬，明代人；冯，依靠。传说卓敬少年时曾在一个雨夜骑着老虎回家。②西巴释麑：西巴，春秋时期秦国人；麑，小鹿。③信陵捕鹞：信陵，指战国时期的信陵君魏无忌；鹞，鹞鹰。④祖逖：东晋名将。

赵苞弃母[①]　吴起[②]杀妻　陈平多辙[③]　李广成蹊[④]

【注释】①赵苞弃母：赵苞，东汉人。敌人抓了他的母亲来威胁他，赵苞为了国家舍弃了母亲，带兵杀贼，导致母亲遇害。②吴起：战国时期人。③陈平多辙：陈平，西汉名臣。常常有很多德高望重的人来拜访陈平，这些人的车驾在他家门前留下深深的车辙。④李广成蹊：李广，西汉名将；蹊，小路。司马迁曾说李广虽不善言辞，但他的功绩和高尚德行却得到天下人的仰慕和尊敬，就像桃李虽不招人来，但它的花和果实会吸引人们来来往往，甚至在树下走出一条小路。

烈裔[①]刻虎　温峤燃犀[②]　梁公训雀[③]　茅容[④]割鸡

【注释】①烈裔：秦代人，擅长雕刻。②温峤燃犀：温峤，东晋名将。相传他在途径桥下有怪物的牛渚桥时，点燃犀牛角照桥下，没过多久怪物就覆灭了。③梁公训雀：梁公，指唐代名臣狄仁杰。他在为亡母守丧的时候，有白雀飞来吊丧，就像被驯教过一样。④茅容：东汉人。

九　佳

禹钧五桂①　王祐三槐②　同心向秀③　肖貌伯偕④

【注释】①禹钧五桂：禹钧，指窦禹钧，五代人。他的五个儿子聪颖早慧，相继考中进士，被人比作丹桂。②王祐三槐：王祐，北宋人。他曾在庭院种下三棵槐树，称其子孙必有能成为三公的，后果然应验。③同心向秀：向秀，魏晋名士。他和山涛等人是志同道合的朋友。④肖貌伯偕：伯偕，指唐代人张伯偕。他和弟弟张仲偕形貌相似，常被人错认。

袁闳土室①　羊侃水斋②　敬之说好③　郭讷言佳④

【注释】①袁闳土室：袁闳，东汉隐士。他曾修建土室隐居，避不见客。②羊侃水斋：羊侃，南北朝人。他爱好奢华，曾在两艘大船之间建造了三间水斋用来玩乐。③敬之说好：敬之，指唐代杨敬之。他很欣赏诗人项斯，曾多次称赞项斯的诗作得好。④郭讷言佳：郭讷，西晋人。有人曾嘲笑郭讷连曲名都不知道却说曲子唱得好，他回应说，就像看到西施，何必知道其名才说她美。

陈瓘责己①　阮籍咏怀②

【注释】①陈瓘责己：陈瓘，北宋人。他曾因自己孤陋寡闻而自责。②阮籍咏怀：阮籍，魏晋名士。他曾作《咏怀》诗八十余篇抒发胸臆。

十　灰

初平起石①　左慈掷杯②　名高麟阁③　功显云台④

【注释】①初平起石:初平,指东晋人皇初平。传说他修道成仙,能令白石飞起化作羊。②左慈掷杯:左慈,东汉人。传说他有仙术,曾把扔出去的杯子变作飞鸟。③名高麟阁:麟阁,指西汉未央宫的麒麟阁。西汉宣帝时,为了表彰臣子对朝廷的贡献,曾让画工在麒麟阁中画上十一位功臣的画像。④功显云台:云台,指东汉宫中的高台。东汉明帝时,为了表彰功臣,曾令画工将二十八位功臣的画像画在云台上。

朱熹正学① 苏轼奇才 渊明赏菊 和靖观梅②

【注释】①朱熹正学:朱熹,南宋学者。朱熹终生致力于儒学研究,被认为是孔孟之道的正宗传人。②和靖观梅:和靖,指北宋隐逸诗人林逋。他隐居西湖边时,在住宅旁种了许多梅树。

鸡黍张范① 胶漆陈雷② 耿弇北道③ 僧孺西台④

【注释】①鸡黍张范:张范,指东汉的张劭和范式。二人曾约定两年后相见,两年后张劭杀鸡煮黍等待范式,范式果然如期到来。②胶漆陈雷:陈雷,指东汉的陈重和雷义。二人友谊坚定,当时人称"胶漆自谓坚,不如陈与雷"。③耿弇北道:耿弇,东汉名臣。汉光武帝刘秀对他十分信任,称他为自己北道的主人。④僧孺西台:僧孺,指唐代牛僧孺;西台,唐代中书省的别称。

建封受贶① 孝基还财② 准③题华岳 绰赋天台④

【注释】①建封受贶:建封,指唐代名臣张建封;贶,赠送。张建封发迹前曾受赠于尚书裴宽,后为将军,镇守徐州。②孝基还财:孝基,指宋代张孝基。他的岳父是同乡的富人,因唯一的儿子不争气,便将家产全部给了张孝基。张孝基在岳父死后帮助岳父之子养成勤劳持家的好习惯,并把家产还给了他。③准:指北宋名臣寇准。④绰赋天台:东晋诗人孙绰曾作《游天台山赋》。

穆生决去① 贾郁重来② 台乌成兆③ 屏雀为媒④

【注释】①穆生决去:穆生,西汉人。他曾受楚元王礼遇,在发现继任的楚元王意志懈怠后，便决意离开。②贾郁重来：贾郁，五代人。贾郁曾在仙游县任主簿，离任时，对一个醉酒的官吏说自己再来这里上任时一定惩戒他。后来贾郁果然又被派到仙游任官，那个官吏因为窃钱而被贾郁严惩。③台乌成兆：台，指御史府；兆，预兆。④屏雀为媒：北周大将窦毅在嫁女时曾命人画两只孔雀于屏风上，称谁射中孔雀的眼睛便将女儿嫁给谁。后来李渊两箭各中孔雀一目，迎娶窦毅之女。

平仲无术① 安道②多才 杨亿鹤蜕③ 窦武蛇胎④

【注释】①平仲无术：平仲，指北宋名臣寇准。他的好友张咏曾评价他才华奇高，只可惜“学术不足”。②安道：指北宋大臣张方平。③杨亿鹤蜕：杨亿，北宋人。传说他生下来是鹤雏模样，后来蜕变成人形。④窦武蛇胎：窦武，东汉人。相传他和一条蛇同出一胎。

湘妃泣竹① 鉏麑触槐② 阳雍五璧③ 温峤一台④

【注释】①湘妃泣竹：湘妃，传说中尧帝的女儿娥皇和女英，二人是舜帝的妻子。相传二人听到舜帝去世的消息后，痛哭不止，眼泪洒落在竹子上，使竹子染上斑点。②鉏麑触槐：鉏麑，春秋时期晋国人。他曾奉王命去刺杀大臣赵盾，因发觉赵盾是个贤人而放弃刺杀，自己以头撞槐树而死。③阳雍五璧：阳雍，指汉代阳伯雍。他曾用五枚玉璧作为聘礼娶妻。④温峤一台：温峤，东晋名将。他曾以一个玉镜台作为娶妻的聘礼。

十一 真

孔门十哲① 殷室三仁② 晏能处己③ 鸿耻因人④

【注释】①孔门十哲：孔子门下十位有学问、有贤名的学生。②殷室三仁：商纣王的朝堂上有三个仁者，分别是微子、箕子、比干。③晏能处己：晏，指何晏。他少年时就聪明过人，曾画地为牢，自处其中，称那是自己的房子，以此来打消曹操想收他为养子的念头。④鸿耻因人：鸿，指梁鸿。他做事极有原则，以依靠别人为耻。

文翁[①]教士　朱邑[②]爱民　太公[③]钓渭　伊尹耕莘[④]

【注释】①文翁：指西汉人文党，他十分重视教育。②朱邑：西汉人。③太公：指西周开国功臣姜子牙。④伊尹耕莘：伊尹，商代的贤相；莘，先秦古国名。伊尹出身奴隶，曾在莘国的田野耕种。

皋惟团力[①]　泌[②]仅献身　丧邦黄皓[③]　误国章惇[④]

【注释】①皋惟团力：皋，指唐代名臣李皋。他曾以秦兵团法操练军队，使得所辖军队训练有素，极有战斗力。②泌：指唐代名臣李泌。③丧邦黄皓：黄皓，三国时期蜀国宦官。此人祸乱朝政，最终导致蜀国灭亡。④误国章惇：章惇，北宋大臣。他任宰相时，推行王安石主张的法令政策，被守旧派大臣视为误国之举。

鞅[①]更秦法　普读鲁论[②]　吕诛华士[③]　孔戮闻人[④]

【注释】①鞅：指战国时期的商鞅。②普读鲁论：普，指北宋名臣赵普；鲁论，指《论语》。③吕诛华士：吕，这里指姜子牙；华士，西周时期齐国人。④孔戮闻人：孔，指孔子；戮，诛杀；闻人，指鲁国大夫少正卯。

暴胜持斧[①]　张纲埋轮[②]　孙非识面[③]　韦岂呈身[④]

【注释】①暴胜持斧：暴胜，指西汉大臣暴胜之。他曾奉旨持金斧去泰山平息叛乱。②张纲埋轮：张纲，东汉人。他曾被派往各地考察，但刚走到京城外的都亭便将车轮埋在地下，表示腐败的根源就在京城，遂上书弹劾皇帝身边的梁冀等人。③孙非识面：孙，指北宋大臣孙抃。他听闻吴敦复和唐介为人刚直、耿介，便举荐这两个未曾谋面的人做御史。④韦岂呈身：韦，指唐代韦澳；呈身，自荐求仕。

令公请税[①]　长孺输缗[②]　白州刺史[③]　绛县老人[④]

【注释】①令公请税：令公，指西晋名臣裴楷。他曾请赵王和梁王每年上交数百万租钱来补恤贫苦的百姓。②长孺输缗：长孺，指南宋官员杨长孺；输，捐献；缗，指成串的铜钱。③白州刺史：指唐代大臣薛稷。④绛县老人：战国时期晋国的高寿老人。

景行[1]莲幕　谨选花裀[2]　郗超造宅[3]　季雅买邻[4]

【注释】①景行：指南朝齐的庾杲之。②谨选花裀：谨选，指唐代学者许慎，他为人豪放不拘小节；裀，褥子，床垫。③郗超造宅：郗超，东晋人。据说他每听说有才能出众、品德高尚的人隐居，就为其建造住宅。④季雅买邻：季雅，南朝人。他曾花一千一百万钱买下南朝梁的开国功臣吕僧珍家旁边的住宅，称一百万买宅，一千万买邻。

寿昌寻母[1]　董永卖身[2]　建安七子[3]　大历十人[4]

【注释】①寿昌寻母：寿昌，指北宋朱寿昌。其母在他年幼时被迫改嫁，失去音讯，他成人后辞官千里寻母，终于得见。②董永卖身：董永，汉代人。相传他因家贫无力葬父，自愿卖身为奴以安葬亡父。③建安七子：指东汉建安年间的七个文学家。④大历十人：指李端、卢纶等唐代大历年间的十位诗人。

香山诗价[1]　孙济酤缗[2]　令严孙武[3]　法变张巡[4]

【注释】①香山诗价：香山，指唐代诗人白居易。相传他的诗歌在新罗曾被商人以一诗一金的高价出售。②孙济酤缗：孙济，东汉人，孙权的叔父；酤缗，这里指酒钱。③令严孙武：孙武，春秋时期的军事家。他恪守军法，军令严明。④法变张巡：张巡，唐代名臣。张巡用兵时会根据敌人的具体情况而改变作战策略。

更衣范冉[1]　广被孟仁[2]　笔床茶灶[3]　羽扇纶巾

【注释】①更衣范冉：范冉，东汉名士。他年轻时与尹包关系好，由于家贫，两人常轮流穿同一件外衣。②广被孟仁：孟仁，东汉人。他外出求学时，母亲给他做了一床又大又厚的被子，方便他和在外认识的那些德才兼备而贫困的人一起盖。③笔床茶灶：指唐代诗人陆龟蒙。他常乘船带着笔床和茶灶出去游玩。

灌夫使酒[①]　刘四[②]骂人　以牛易马[③]　改氏为民[④]

【注释】①灌夫使酒：灌夫，西汉人；使酒，借酒发疯。②刘四：指唐代刘子翼，个性耿直。③以牛易马：三国时期司马懿曾因“牛继马后”的谶言而深忌牛氏。而他的曾孙晋元帝司马睿的生父据说是与其母私通的牛姓小官，因此最终还是应了谶言。④改氏为民：东汉有个姓“氏”的人，被孔融建议改姓“民”。

圹先表圣[①]　灯候沈彬[②]

【注释】①圹先表圣：圹，指墓穴；表圣，指唐代文学家司空图。司空图在生前就给自己预备了墓穴。②灯候沈彬：沈彬，唐代诗人。他的家人在其临终前指定的埋葬地挖出三盏石灯和一块铜牌，牌上写着在此等候沈彬入土为安。

十二　文

谢敷处士[①]　宋景[②]贤君　景宗险韵[③]　刘辉奇文[④]

【注释】①谢敷处士：谢敷，东晋人；处士，古时指有德才而不愿做官的读书人。②宋景：指春秋时期宋国的国君宋景公。③景宗险韵：景宗，指曹景宗，南朝梁大将；险韵，古代指作诗时用不常用的韵字来押韵。④刘辉奇文：刘辉，北宋人。他偏好用险怪的语言写文章。

袁安卧雪[①]　仁杰望云[②]　貌疏宰相[③]　腹负将军[④]

【注释】①袁安卧雪：袁安，东汉名臣。他客居洛阳时，有一年冬天下大雪，他因不愿麻烦别人而不去寻求帮助，冻得蜷缩在床上发抖。②仁杰望云：仁杰，指唐代名臣狄仁杰。他在并州登太行山的时候，因看到天上白云想到留在河南的亲人。③貌疏宰相：疏，粗糙、粗陋；宰相，这里指北宋王钦若。④腹负将军：将军，指北宋大将党进。他被随从取笑自己的肚子有负于自己，没能给自己出一点主意。

梁亭窃灌[1]　曾圃误耘[2]　张巡军令[3]　陈琳[4]檄文

【注释】①梁亭窃灌：战国时期梁国和楚国接壤，梁国边地的县令宋就为了边境和睦，教导梁亭人夜里偷偷去灌溉楚亭人的瓜田，使楚人大受感动。②曾圃误耘：曾，指孔子的弟子曾参。他在瓜田除草时曾不小心把瓜根弄断。③张巡军令：唐代张巡军令严明，他的副将雷万春恪守军令，战场中被敌箭射中仍坚守其位。④陈琳：东汉文学家。

羊殖益上[1]　宁越[2]弥勤　蔡邕倒屣[3]　卫瓘披云[4]

【注释】①羊殖益上：羊殖，春秋时期人。羊殖一生中品行多次发生变化，每次都会变得更好一点。②宁越：战国时期人。③蔡邕倒屣：蔡邕，东汉名臣；屣，鞋子。蔡邕十分仰慕名士王粲，听说王粲来了，来不及穿好鞋子便急着去迎接。④卫瓘披云：卫瓘，魏晋时期人。他非常佩服当时的名士乐广，称乐广就像水镜一样，见到乐广就像拨开云雾看到了青天。

巨山龟息[1]　遵彦龙文[2]

【注释】①巨山龟息：巨山，指唐代李峤。相士发现李峤睡觉时用耳朵呼吸，同乌龟一样，因此认定他能长寿。②遵彦龙文：遵彦，即杨愔，北齐宰相，少年时即风度深敏；龙文，骏马名。

十三　元

傲倪昭谏[1]　茂异简言[2]　金书梦珏[3]　纱护卜藩[4]

【注释】①傲倪昭谏：昭谏，指唐代诗人罗隐。他为人傲岸，曾作诗文讽刺时政。②茂异简言：茂异，德才出众；简言，指吴简言，北宋人。③金书梦珏：珏，指唐代宰相李珏。他曾梦到在仙境的石壁上看到金字书写的自己的名字。④纱护卜藩：藩，指唐代宰相李藩。传说位居宰相者，姓名在冥司都会用纱笼护着。

童恢捕虎[①]　古冶持鼋[②]　何[③]奇韩信　香化陈元[④]

【注释】①童恢捕虎：童恢，东汉人。据说他曾捕到两只老虎，令其中吃掉人的老虎自己认罪，最后杀掉认罪的虎，放走了无罪的那只。②古冶持鼋：古冶，指春秋时期的古冶子。他曾手持宝剑在黄河里与鼋搏斗。③何：指萧何，他与韩信均为西汉开国功臣。④香化陈元：香，指仇香，东汉人。他曾晓以大义，教育对母亲不孝的陈元，后来陈元成了孝子。

徐幹中论[①]　扬雄法言[②]　力称乌获[③]　勇尚孟贲[④]

【注释】①徐幹中论：东汉文学家徐幹曾作《中论》一书阐明儒家思想。②扬雄法言：西汉扬雄曾作《法言》一书宣扬儒家思想。③力称乌获：战国时期的乌获以力大无穷而著称。④勇尚孟贲：战国时期的孟贲是齐国有名的勇士。

八龙荀氏[①]　五豸唐门[②]　张瞻炊臼[③]　庄周鼓盆[④]

【注释】①八龙荀氏：荀，指东汉名士荀淑。他的八个儿子皆以才德著称，被赞为“八龙”。②五豸唐门：北宋唐家的唐肃、唐介等五人先后都做了御史，人称“一门五豸”。③张瞻炊臼：商人张瞻梦到自己用石臼煮饭，解梦人称这是他要失去妻子的意思。他回家后发现妻子已经死了。④庄周鼓盆：庄周，即庄子。他的妻子去世后，惠子前去吊丧时见庄子敲着盆唱着歌。

疏脱士简[①]　博奥文元[②]　敏修未娶[③]　陈峤初婚[④]

【注释】①疏脱士简：士简，指南北朝人张士简。他为人粗疏洒脱。②博奥文元：文元，指唐代萧颖士，他有着博大精深的学问。③敏修未娶：敏修，指南宋陈敏修。他七十三岁才中进士，当时还未娶妻生子。④陈峤初婚：陈峤，唐代人。他六十多岁才中进士，据说其新婚时已八十岁。

长公思过[①]　定国平冤[②]　陈遵投辖[③]　魏勃扫门[④]

【注释】①长公思过：长公，指西汉名臣韩延寿。他曾因自己的辖地发生亲兄弟争夺田产的事情而闭门思过。②定国平冤：定国，指西汉大臣于定国。他办案严谨，没有造成过冤案。③陈遵投辖：陈遵，西汉人，为人热情好客；辖，固定车轮的车键。④魏勃扫门：魏勃，西汉人。他因无钱买礼物拜谒丞相曹参，便一大早就去打扫曹参舍人的门庭，因此得以被引荐给曹参。

孙琏织屦① 阮咸曝裈② 晦堂无隐③ 沩山不言④

【注释】①孙琏织屦：孙琏，宋代人；屦，鞋子。孙琏家境贫寒，喜好读书，以耕种和编鞋为生。②阮咸曝裈：阮咸，魏晋名士；曝，晒；裈，裤子。当时有七月七日晒衣服的风俗，阮咸家贫，就在庭院中晒自己的粗布裤子。③晦堂无隐：晦堂，北宋僧人。他曾向诗人黄庭坚解释"吾无隐乎尔"的含义。④沩山不言：沩山，唐代僧人。香岩禅师曾向沩山请教佛理。沩山不置一言，却让香岩领悟了禅机，令香岩十分佩服。

十四　寒

庄生蝴蝶① 吕祖②邯郸 谢安折屐③ 贡禹弹冠④

【注释】①庄生蝴蝶：庄生，即庄子。庄子曾梦到自己变成蝴蝶。②吕祖：即吕岩，也称吕洞宾，唐代道士。③谢安折屐：谢安，东晋名士。他为人素来沉稳，在得知侄子率军大败敌人后，独处时高兴得连木屐上的屐齿被绊掉也没有发觉。④贡禹弹冠：贡禹，西汉人。他在得知好友王吉当上刺史后，高兴得弹掉自己官帽上的灰尘，等待好友举荐自己。

颤容王导① 浚杀曲端② 休那题碣③ 叔邵④凭棺

【注释】①颤容王导：颤，指周颤，他与王导均为西晋大臣。王导因堂弟王敦作乱而受到牵连，周颤在皇帝面前替王导求情使其转危为安。②浚杀曲端：浚，指张浚，他与曲端均为南宋将领。张浚与属下密谋，以谋反罪诬陷曲端，导致其惨死狱中。③休那题碣：休那，指明代人姚康，他为人淡泊，不求闻达；碣，圆顶的石碑。④叔邵：方叔邵，明代人。

如龙诸葛① 似鬼曹瞒② 爽欣御李③ 白愿识韩④

【注释】①如龙诸葛：诸葛，指诸葛亮。他曾隐居隆中，被人称为“卧龙先生”。②似鬼曹瞒：曹瞒，指曹操。他一生机警狡诈，人们认为他的思虑像鬼一样琢磨不透。③爽欣御李：东汉人荀爽非常仰慕李膺，曾因能为李膺驾车而兴奋不已。④白愿识韩：李白曾写下《与韩荆州书》表达希望得到韩朝宗的赏识和举荐。

黔娄布被① 优孟衣冠② 长歌宁戚③ 鼾睡陈抟④

【注释】①黔娄布被：黔娄，春秋时期人。他坚守正道，贫贱不移，死后所盖布被正盖太短不能蔽体，但他的妻子宁愿如此也不同意斜盖。②优孟衣冠：优孟，春秋时期人。他因贤德受到楚相孙叔敖的厚待，孙叔敖死后，优孟得知他的儿子过得非常艰辛，便穿戴上孙叔敖的衣冠去见楚王，向楚王说明情况，于是楚王给了孙叔敖的儿子一块封地。③长歌宁戚：春秋时期的宁戚喂牛时常敲着牛角高歌。④陈抟：北宋人。

曾参务益① 庞德遗安② 穆亲杵臼③ 商化芝兰④

【注释】①曾参务益：曾参，孔子的弟子。他曾告诫孩子要致力于有进益的事。②庞德遗安：庞德，指东汉名士庞德公。他隐居不做官，称自己留给子孙的是安宁。③穆亲杵臼：穆，指东汉公沙穆；杵臼，舂捣粮食的工具。④商化芝兰：商，指孔子的弟子卜商。卜商喜欢与比自己更为贤能的人相处，孔子称赞说，与贤能的人相处，就像进入满是芝兰香气的屋子，时间长了自己就会和香气融到一起。

葛洪负笈① 高凤持竿② 释之结袜③ 子夏更冠④

【注释】①葛洪负笈：葛洪，东晋道士；笈，书箱。②高凤持竿：高凤，东汉人。他学习专注，曾拿着竹竿边读书边晾晒麦子，连麦子被雨水冲走都没有察觉。③释之结袜：释之，指西汉张释之。他曾当众为当时深受人敬重的隐士王生系上袜带。④子夏更冠：子夏，指杜钦，西汉人。杜钦和同朝为官的杜邺的字都是子夏，为了避免被叫混，杜钦特制了一顶小帽来戴，人称其“小冠杜子夏”以示区别。

直言唐介① 雅量刘宽② 捋须何点③ 捉鼻谢安④

【注释】①直言唐介：唐介，北宋名臣。他为人耿介，敢于直谏。②雅量刘宽：

刘宽，东汉人。他为人仁慈宽厚，有容人的度量。③捋须何点：何点，南朝人。他曾捋着梁武帝的胡须拒绝了他的邀请。④捉鼻谢安：东晋的谢安隐居东山时，曾捏着鼻子说只怕自己也免不了像其他兄弟一样要去做官。

张华龙鲊[①]　闵贡猪肝[②]　渊材五恨[③]　郭奕三叹[④]

【注释】①张华龙鲊：张华，西晋人；鲊，腌鱼。张华称陆机送他的一些腌鱼为龙肉，将苦酒浇在上面，发出五色光芒。②闵贡猪肝：闵贡，东汉隐士。他因买不起肉，每天只能买一片猪肝。③渊材五恨：渊材，指北宋彭渊材。他称自己平生有五件深感遗憾的事。④郭奕三叹：郭奕，西晋人。他曾三叹羊祜才德奇高。

弘景作相[①]　延祖弃官[②]　二疏供帐[③]　四皓衣冠[④]

【注释】①弘景作相：南朝梁的陶弘景被称为"山中宰相"。②延祖弃官：唐代元延祖为人淡泊名利，正直壮年而辞官归隐。③二疏供帐：西汉的疏广和其侄儿疏受二人辞官离京当日，公卿大夫们在东都门外陈设帷帐为之饯行。④四皓衣冠：四皓，指秦末汉初在商山隐居的四位知名隐士。吕后让太子请他们出山，汉高祖刘邦看到四位须发皆白、衣冠甚伟的贤人辅佐太子，便打消了废太子的念头。

曼卿[①]豪饮　廉颇雄餐[②]　长康三绝[③]　元方二难[④]

【注释】①曼卿：指北宋石延年。②廉颇雄餐：廉颇，战国时期赵国大将。廉颇想表示自己仍然身强力壮，特意在赵王的使者面前展现自己的大饭量。③长康三绝：长康，指东晋画家顾恺之。他沉醉于艺术，人称其有三绝：才绝、画绝、痴绝。④元方二难：元方，指东汉名士陈寔的长子陈纪。他和弟弟陈谌均以才德出众，难分高低。

曾辞温饱[①]　城忍饥寒[②]　买臣怀绶[③]　逢萌挂冠[④]

【注释】①曾辞温饱：曾，指北宋名臣王曾。他考中状元后，曾正色说道自己平生的志向不在温饱。②城忍饥寒：城，指唐代人阳城。他一心向学，在灾荒之年仍忍受饥寒坚持讲学。③买臣怀绶：买臣，指西汉大臣朱买臣。他新官上任时仍穿着旧衣，直到从怀中拿出官印和绶带才被小吏们认出是新任太守。④逢萌挂冠：逢萌，西汉人。他意识到天下将乱，便把官帽悬挂于长安的城门上，辞官回乡。

循良伏湛[①] 儒雅兒宽[②] 欧母画荻[③] 柳母和丸[④]

【注释】①循良伏湛：伏湛，东汉人。他为官奉公守法，善待百姓。②儒雅兒宽：西汉兒宽为政廉洁有方，深受百姓爱戴。③欧母画荻：欧，指北宋名臣欧阳修。他年幼时家贫，母亲常以荻草为笔，在地上教他识字。④柳母和丸：柳，指唐代大臣柳仲郢。他的母亲曾用苦参、黄连等制成药丸，让儿子在夜里读书时含在嘴里，以提神醒脑。

韩屏题叶[①] 燕姞梦兰[②] 漂母进食[③] 浣妇分餐[④]

【注释】①韩屏题叶：相传唐僖宗时，宫女韩翠屏曾在红叶上题诗，后被学士于祐捡到。②燕姞梦兰：燕姞，春秋时期郑文公的妾室。相传她曾梦到神仙给了自己一株兰花，后来她生了一个儿子，这个儿子就是郑穆公。③漂母进食：西汉大将韩信年轻时十分贫穷，一位在河边洗衣的老妇人因为同情他，常常分给他食物。④浣妇分餐：春秋时期的伍子胥在逃亡途中，曾向一位在河边洗衣服的妇人讨要食物，妇人把自己的食物全部给了他。

十五　删

令威华表[①] 杜宇西山[②] 范增举玦[③] 羊祜探环[④]

【注释】①令威华表：令威，即丁令威，据说为西汉人；华表，古代竖立在城门前的大柱。传说丁令威成仙后，曾化为白鹤栖息在城门的华表上。②杜宇西山：杜宇，传说中古蜀国的君王。他因认为自己没有仁德而隐居西山，死后化作杜鹃。③范增举玦：范增，战国时期人；玦，玉佩。④羊祜探环：羊祜，魏晋时期人。相传他五岁时曾从邻居家的树洞里探取到邻居亡子遗失的金环，人们因此认为羊祜是邻居儿子的转世。

沈昭狂瘦[①] 冯道痴顽[②] 陈蕃下榻[③] 郅恽拒关[④]

【注释】①沈昭狂瘦：沈昭，指沈昭略，南朝齐人，为人狂放而瘦削。②冯道痴顽：冯道，五代人。他曾称自己为无德无才、愚蠢无知。③陈蕃下榻：东汉名士陈蕃仰慕徐孺子的为人，对他非常礼遇，曾在自己家里专门为徐孺子设了一张床。④郅恽拒关：郅恽，东汉人。他曾任看守城门的小官，一次光武帝刘秀外出打猎，深夜回城，误了城门开放的时间，郅恽恪守律令，闭守城门不开。

雪夜擒蔡① **灯夕平蛮**② **郭家金穴**③ **邓氏铜山**④

【注释】①雪夜擒蔡：唐代名将李愬曾在雪夜攻破蔡州，俘获叛将吴元济。②灯夕平蛮：北宋名将狄青曾在元宵节攻破敌军。③郭家金穴：东汉光武帝郭皇后之弟郭况家中有大量金银珠宝，被称为“金穴”。④邓氏铜山：邓氏，指西汉邓通。汉文帝曾将蜀郡的铜山赐给他，准许他自己铸钱。

比干受策① **杨宝掌环**② **晏婴能俭**③ **苏轼为悭**④

【注释】①比干受策：比干，指西汉何比干。相传曾有一个老妇人送他一册竹策，保佑他子孙后代发达。②杨宝掌环：杨宝，东汉名士。相传他幼时救助过一只小雀，后来小雀变成人送给他四枚白玉环来报恩。③晏婴能俭：晏婴，春秋时期齐国人，其为人勤俭。④苏轼为悭：苏轼曾给朋友写信，称自己快五十岁才知道生活的要义是吝啬，也就是人们常说的“俭素”。

堂开洛水① **社结香山**② **腊花齐放**③ **春桂同攀**④

【注释】①堂开洛水：北宋名臣文彦博曾在洛阳修建耆英堂。②社结香山：唐代诗人白居易晚年退居洛阳香山，与八个朋友结成香山社。③腊花齐放：相传武则天在一年腊月想去上苑赏花，便下旨让花连夜绽放，次日果然百花竞放。④春桂同攀：相传明代的两个书生同游庙宇时各折桂花一枝，后来两人同中进士。

卷三

一先

飞凫叶令① **驾鹤缑仙**② **刘晨采药**③ **茂叔观莲**④

【注释】①飞凫叶令：凫，野鸭；叶令，指东汉王乔。据说王乔任叶县县令时，每次回朝述职都有两只野鸭跟随着飞来。②驾鹤缑仙：相传战国时期的王子乔曾乘鹤在缑山与家人相见。③刘晨采药：刘晨，东汉人。相传他在山中采药时曾遇到神仙。④茂叔观莲：茂叔，指北宋学者周敦颐。他写有名篇《爱莲说》。

阳公麾日[①] 武乙[②]射天 唐宗三鉴[③] 刘宠[④]一钱

【注释】①阳公麾日：相传春秋时期，鲁阳公曾因天色将晚，便持戈挥向太阳，使太阳又退回来九十里。②武乙：商朝国君。③唐宗三鉴：唐太宗曾称自己有铜镜、史镜、人镜三面镜子。④刘宠：东汉人，为官清廉。

叔武守国[①] 李牧备边[②] 少翁致鬼[③] 栾大求仙[④]

【注释】①叔武守国：叔武，春秋时期卫国人。他在国君逃亡时，留下来坚守国家。②李牧备边：战国时期赵国名将李牧长期镇守赵国边境，驱逐外虏。③少翁致鬼：西汉方士李少翁自称能召唤鬼神。④栾大求仙：栾大，西汉方士。他曾因自称能求取长生不老药而受到汉武帝重用。

彧[①]臣曹操 猛相苻坚[②] 汉家三杰[③] 晋室七贤[④]

【注释】①彧：指荀彧，东汉人。②猛相苻坚：猛，指王猛；苻坚，前秦国君。③汉家三杰：指西汉的三个开国功臣，即张良、萧何、韩信。④晋室七贤：指魏晋时期的"竹林七贤"，即嵇康、阮籍、山涛、向秀、刘伶、王戎及阮咸。

居易[①]识字 童乌预玄[②] 黄琬对日[③] 秦宓论天[④]

【注释】①居易：指唐代诗人白居易。②童乌预玄：乌，指西汉扬雄的儿子杨信；预，参与；玄，即书籍《太玄》。③黄琬对日：黄琬，东汉人。他的祖父不知如何向京中上报日食的景象，七岁的黄琬曾给出解决方法。④秦宓论天：秦宓，三国时期蜀国人。他曾和东吴使者辩论天的形貌。

元龙湖海[①] 司马山川[②] 操[③]诛吕布 膑杀庞涓[④]

【注释】①元龙湖海：元龙，指东汉人陈登；湖海，指气概豪放。②司马山川：西汉史学家司马迁曾遍游西汉山川，为自己写作《史记》打下基础。③操：指曹操。④膑杀庞涓：战国时期，孙膑曾因被庞涓忌妒而惨遭酷刑，后来他在战场上设计杀死了庞涓。

羽救巨鹿① 准策澶渊② 应融丸药③ 阎敞还钱④

【注释】①羽救巨鹿：羽，指项羽。项羽曾大破秦军，救出被围困在巨鹿的赵军。②准策澶渊：北宋名臣寇准曾促成宋辽议和，签订澶渊之盟。③应融丸药：应融，东汉人。他曾亲自制作药丸救助与自己素昧平生的名士祝恬。④阎敞还钱：阎敞，西汉人。他曾替朋友保管钱财，朋友去世后，他分文不差地将钱交还给朋友的孙子。

范居让水① 吴饮贪泉② 薛逢羸马③ 刘胜寒蝉④

【注释】①范居让水：范，指范柏年，南朝宋人；让水，水名。②吴饮贪泉：吴，指东晋吴隐之，为官清廉；贪泉，水名。③薛逢羸马：薛逢，唐代人；羸马，瘦弱的马。④刘胜寒蝉：刘胜，东汉人。他的同乡杜密认为他不推举贤良，不抨击恶人，自顾自保，就像深秋的蝉一样一声不发。

捉刀曹操① 拂矢贾坚② 晦肯负国③ 质愿亲贤④

【注释】①捉刀曹操：曹操曾让属下假扮自己见使者，而自己则提着刀扮作侍卫。②拂矢贾坚：晋代的贾坚射箭技艺高超。③晦肯负国：晦，指唐代徐晦。他曾为报知遇之恩而为罪臣杨凭送行，不怕被牵连。李夷简因此认为他不会辜负国家，推荐他做监察御史。④质愿亲贤：质，指北宋的王质。王质认为范仲淹是贤士，在范仲淹被贬饶州时，他抱病来为范仲淹送行。

罗友①逢鬼 潘谷称仙② 茂弘練服③ 子敬青毡④

【注释】①罗友：东晋人，博学多才。②潘谷称仙：潘谷，北宋一位制墨高手，相传他死后羽化成仙。③茂弘練服：茂弘，指东晋王导；練服，粗麻布做成的衣服。④子敬青毡：子敬，指东晋书法家王献之。他夜里醒来对正在偷青毡的小偷说其他的东西可以拿走，但青毡是家里的旧物，得留下来。

王奇雁字[①] 韩浦鸾笺[②] 安之画地[③] 德裕筹边[④]

【注释】①王奇雁字：王奇，北宋人。他曾在屏风上为县令所题的雁字诗补上了两句，其才华令县令十分惊异。②韩浦鸾笺：韩浦，五代人。其弟韩洎认为自己的词像五凤楼一样华美，韩浦便送了四川特产的鸾笺给弟弟写诗。③安之画地：安之，指唐代严安之。他曾在地上画线以维持秩序。④德裕筹边：德裕，指唐代李德裕。他在四川任官时，曾修筑筹边楼，在上面标注山川险要和相邻的少数民族分布等信息，以备不时之需。

平原十日[①] 苏章二天[②] 徐勉风月[③] 弃疾云烟[④]

【注释】①平原十日：平原，指战国时期的平原君。秦王曾以邀请平原君畅饮十日为名将他扣押在秦国。②苏章二天：苏章，东汉人。他的朋友贪赃枉法，为寻求其庇护而宴请他。苏章第二天还是依法办事，将朋友治罪。③徐勉风月：徐勉，南朝梁人。门人在夜里闲聊时趁机向他求官做，他回复说今夜只适合谈风月，不适合谈公事。④弃疾云烟：弃疾，指南宋词人辛弃疾。他曾作《西江月》表明自己壮志未酬的感慨。

舜钦斗酒[①] 法主蒲鞯[②] 绕朝赠策[③] 苻卤投鞭[④]

【注释】①舜钦斗酒：北宋诗人苏舜钦读《汉书》时喜欢饮酒，杜衍称其有《汉书》这样的“下酒菜”，喝一斗酒也不算多。②法主蒲鞯：法主，指隋唐时期的李密；蒲鞯，蒲草编成的坐垫。李密曾骑着黄牛，坐在蒲草编织的坐垫上，一边看《汉书》一边行路。③绕朝赠策：绕朝，指春秋时期的周绕朝；策，马鞭。④苻卤投鞭：苻卤，指前秦国君苻坚。他称自己兵众百万，把马鞭扔到水里都能阻断江流，作战不可能失败。

豫让吞炭[①] 苏武餐毡[②] 金台招士[③] 玉署贮贤[④]

【注释】①豫让吞炭：豫让，春秋时期的刺客。他为了完成刺杀任务，变换形貌，吞炭变声。②苏武餐毡：西汉的苏武出使匈奴时被扣留，曾吞食毛毡充饥。③金台招士：战国时期的燕昭王曾修筑黄金台，招揽有才之士。④玉署贮贤：北宋的宋太宗曾书写“玉堂之署”四字赐给臣子苏易简，以表彰贤才。

宋臣宗泽[①] 汉使张骞 胡姬人种[②] 名妓书仙[③]

【注释】①宋臣宗泽：北宋大臣宗泽文武双全，一心报国。②胡姬人种：人种，传宗接代的人。西晋的阮咸曾和姑母家的胡人婢女相爱，使胡女怀有身孕，后姑母移居外地，打算带走胡女，阮咸赶忙追回胡女，称"人种不可失"。③名妓书仙：名妓，指唐代的曹文姬。她精通书法，被称为"书仙"。

二　萧

滕王蛱蝶[1]　摩诘芭蕉[2]　却衣师道[3]　投笔班超[4]

【注释】①滕王蛱蝶：唐代滕王李元婴善画蛱蝶。②摩诘芭蕉：摩诘，指唐代诗人王维。他曾画《袁安雪卧图》，画中有雪中芭蕉。③却衣师道：师道，指北宋陈师道。他厌恶妻兄赵挺之的人品，因而拒绝穿妻子从赵挺之那里借来的冬衣。④投笔班超：投，扔掉；班超，东汉人。班超曾以替官府抄书为生，后投笔从戎。

冯官五代[1]　季相三朝[2]　刘蕡下第[3]　卢肇夺标[4]

【注释】①冯官五代：五代时期，冯道在五个王朝做过官。②季相三朝：春秋时期的季文子历任鲁宣公、鲁成公、鲁襄公三朝的相国。③刘蕡下第：刘蕡，唐代人。他考进士时，在文章中针砭时弊，令考官不敢录取他，因而落第。④卢肇夺标：卢肇，唐代人。他考中状元回乡，之前冷落他的太守极尽逢迎，他写下"向道是龙人不信，果然夺得锦标归"讽刺太守前后的作为。

陵甘降虏[1]　蠋耻臣昭[2]　隆贫晒腹[3]　潜懒折腰[4]

【注释】①陵甘降虏：西汉名将李陵攻打匈奴时，被匈奴俘虏，不得已投降匈奴。②蠋耻臣昭：蠋，指战国时期齐国的王蠋；昭，指燕昭王。王蠋因不愿臣服燕昭王，自杀而亡。③隆贫晒腹：东晋郝隆家贫，七月七日没有可晒的东西，便敞开衣襟，称晒自己腹中的书。④潜懒折腰：东晋名士陶潜因不愿为五斗米折腰而辞官归隐。

韦绶蜀锦[1]　元载鲛绡[2]　捧檄毛义[3]　绝裾温峤[4]

【注释】①韦绶蜀锦：韦绶，唐代人。皇帝曾在翰林院看到韦绶睡觉，便把蜀锦袍盖到他身上。②元载鲛绡：元载，唐代人。相传他有一顶鲛绡帐，有冬暖夏凉的奇效。③捧檄毛义：毛义，东汉人。他为人孝顺，曾因做官可以赡养母亲而捧着征召的文书喜形于色。④绝裾温峤：温峤，东晋人。其母曾劝阻他外出任职，他撕断衣襟而去。

郑虔贮柿[①] 怀素种蕉[②] 延祖鹤立[③] 茂弘龙超[④]

【注释】①郑虔贮柿：郑虔，唐代书法家。他无钱买纸练字，便收集柿叶代替纸来练字。②怀素种蕉：怀素，唐代书法家。相传他因家贫无钱买纸，便种了许多芭蕉，在芭蕉叶子上练字。③延祖鹤立：延祖，指西晋嵇绍。他器宇轩昂，在人群中就像鹤立在鸡群一样显眼。④茂弘龙超：茂弘，指东晋王导。他的风采极为出众。

悬鱼羊续[①] 留犊时苗[②] 贵妃[③]捧砚 弄玉吹箫[④]

【注释】①羊续：东汉人，为官清廉。②留犊时苗：时苗，东汉人。他为官清廉，在寿春做官时，自己的牛生了一头小牛，后来离任的时候，他把小牛留在了寿春。③贵妃：指唐代的杨玉环。④弄玉吹箫：弄玉，相传为春秋时期秦穆公的女儿。据说她爱好吹箫，后来嫁给了擅长吹箫的萧史。

三　肴

栾巴救火[①] 许逊除蛟[①] 诗穷五际[③] 易布三爻[④]

【注释】①栾巴救火：栾巴，东汉人。相传他曾喷酒作雨，浇灭千里之外成都的大火。②许逊除蛟：许逊，晋代人。相传他曾持剑斩除蛟龙，解除民患。③诗穷五际：古代的一些学者将《诗经》中的篇章和阴阳五行相配合，用以推论政治得失。④易布三爻：三国时期的虞翻曾梦到一道士向他布道，演示《周易》六爻，并烧三爻给其喝下。

清时安石[①] 奇计居鄛[②] 湖循莺脰[③] 泉访虎跑[④]

【注释】①清时安石：安石，指东晋谢安。他曾隐居东山，同友人游山戏水，谈玄说道，共度清平之时。②奇计居鄛：秦末的范曾为居鄛人，他曾多次为项羽进献奇计。③湖循莺脰：脰，鸟脖。苏州有一个湖泊，形状像莺脰，因此叫作莺脰湖。④泉访虎跑：相传唐代杭州定慧寺曾有神虎跑来刨出泉水，故名“虎跑泉”。

近游束晳[①]　诡术尸佼[②]　翱狂晞发[③]　嵇懒转胞[④]

【注释】①近游束晳：西晋束晳曾作《近游赋》。②诡术尸佼：尸佼，战国时期人，擅长诡谲欺诈之术。③翱狂晞发：翱，指南宋谢翱；晞发，指披散头发使其干。④嵇懒转胞：嵇，指魏晋时期的嵇康。他自称生性疏懒，连小便都要等到忍不了的时候才会起身解决，因而不适合做官。

西溪晏咏[①]　北陇孔嘲[②]　民皆字郑[③]　羌愿姓包[④]

【注释】①西溪晏咏：西溪，地名；晏，指北宋晏殊。②北陇孔嘲：孔，指南朝齐的孔稚珪。他曾作《北山移文》嘲讽那些假借归隐而求取功名的人。③民皆字郑：三国时期的郑浑在下蔡和邵陵为官时，深受百姓爱戴，当地百姓给子女起字时也多用“郑”字。④羌愿姓包：北宋包拯公正耿直，铁面无私，相传西羌归顺宋朝时，曾提出愿改姓为包。

骑鹏沈晦[①]　射鸭孟郊[②]　戴颙鼓吹[③]　贾岛推敲[④]

【注释】①骑鹏沈晦：相传南宋沈晦曾梦见自己骑着大鹏而飞，醒来便写下了《大鹏赋》，后高中状元。②射鸭孟郊：唐代诗人孟郊任溧阳县尉时曾建“射鸭堂”。③戴颙鼓吹：戴颙，东晋人；鼓吹，乐器合奏，这里特指激发诗兴。④贾岛推敲：贾岛，唐代诗人。他作诗喜欢炼字，曾在“僧敲月下门”与“僧推月下门”两句之间犹豫不定，后韩愈建议他用“敲”字。

四　豪

禹承虞舜[①]　说相殷高[②]　韩侯敝袴[③]　张禄绨袍[④]

【注释】①禹承虞舜：大禹因治水有功，继承了虞舜的帝位。②说相殷高：傅说因有才德被商王武丁任用为相。③韩侯敝袴：韩侯，指战国时期韩国的国君韩昭侯；敝袴，破旧的裤子。韩昭侯曾将自己破旧的裤子珍藏起来，留待赐给有功的大臣。④张禄绨袍：张禄，即战国时期的范雎；绨袍，厚缯制成的衣袍。范雎曾因陷害过他的须贾赠送给自己一件绨袍而放弃报复他。

相如题柱[1]　韩愈[2]焚膏　捐生纪信[3]　争死孔褒[4]

【注释】①相如题柱：相如，指西汉的司马相如。他离开家乡时，曾在桥柱上题字，称如果不能做高官、享富贵，就不会再过这座桥。②韩愈：唐代文学家。③捐生纪信：捐，放弃；纪信，秦代人。纪信为刘邦下属，他曾假扮刘邦吸引敌军，后被项羽所杀。④争死孔褒：孔褒，东汉人，孔融的兄长。他和孔融兄弟二人曾因罪下狱，二人争相担罪，最后由孔褒抵罪。

孔璋文伯[1]　梦得诗豪[2]　马援矍铄[3]　巢父[4]清高

【注释】①孔璋文伯：孔璋，指东汉的陈琳；伯，通"霸"。陈琳文采出众，被视为文中霸主。②梦得诗豪：梦得，指唐代诗人刘禹锡，白居易称之为"诗豪"。③马援矍铄：马援，东汉人；矍铄，指老人精神健旺。马援六十多岁时主动请缨征讨蛮夷，为让皇帝同意，他披甲上马，精神抖擞，皇帝因此同意了他的请求。④巢父：上古尧帝时期的隐士。

伯伦鸡肋[1]　超宗凤毛[2]　服虔赁作[3]　车胤重劳[4]

【注释】①伯伦鸡肋：伯伦，指魏晋时期的名士刘伶。他曾称自己的一身老骨头如同鸡肋。②超宗凤毛：超宗，指南朝宋的谢凤；凤毛，称誉人文采俊秀，能继承其父风范。③服虔赁作：服虔，东汉人；赁作，受雇为人劳作。服虔对《春秋》很感兴趣，为了听崔烈讲《春秋》，隐名埋姓去崔家当仆人。④车胤重劳：车胤，东晋人。他勤学好问，曾因不断提出问题询问谢安和谢石而担心自己的行为加重二谢的辛劳。

张仪折竹[1]　任末燃蒿[2]　贺循冰玉[3]　公瑾醇醪[4]

【注释】①张仪折竹:张仪,战国时期人。他年轻时曾替人抄书,每当遇到好的文章,就折竹子做成竹简誊写在上面。②任末燃蒿:任末,东汉人。他勤奋好学,夜里读书时烧蒿草照明。③贺循冰玉:贺循,晋代人。他学问精深、节操高尚,被皇帝赞为“冰清玉洁”。④公瑾醇醪:公瑾,指三国时期的吴国大将周瑜。程普认为周瑜如浓烈精纯的美酒,与他交往会让人不知不觉地心醉。

庞公休畅[1]　刘子高操[2]　季札挂剑[3]　吕虔赠刀[4]

【注释】①庞公休畅:东汉时,庞德公和友人司马徽志趣相投,常常一同畅快游玩。②刘子高操:南朝的刘讦为人高洁脱俗。③季札挂剑:季札,春秋时期吴国人。他把宝剑挂在喜欢这把剑的徐国国君的墓前,以此凭吊。④吕虔赠刀:吕虔,三国时期曹魏人。他曾把一把佩刀赠给有宰相气度的王祥。

来护卓荦[1]　梁竦矜高[2]　壮心处仲[3]　操行陈陶[4]

【注释】①来护卓荦:来护,指隋代名将来护儿;卓荦,卓越超群。②梁竦矜高:东汉的梁竦为人十分自负。③壮心处仲:处仲,指西晋的王敦。他任荆州刺史时,在酒后常吟咏曹操的《短歌行》,借以抒发自己的壮志。④操行陈陶:陈陶,唐代人。他文采出众而品行高洁。

子荆爽迈[1]　孝伯[2]清操　李订六逸[3]　石与三豪[4]

【注释】①子荆爽迈:子荆,指西晋孙楚,为人爽朗超逸。②孝伯:指东晋王恭。③李订六逸:李,指李白。他在任城时,跟孔巢父、韩准等五人结下交情,人称“竹溪六逸”。④石与三豪:石,指北宋石延年。欧阳修豪于文,石延年豪于诗,杜牧豪于歌,三人合称“三豪”。

郑弘还箭[1]　元性成刀[2]　刘殷七业[3]　何点三高[4]

【注释】①郑弘还箭:郑弘,东汉人。相传他在白鹤山砍柴时,拾到一支箭,后还给前来寻找的老翁。②元性成刀:元性,指三国时期蜀汉人蒲元,擅长制造兵器。

③刘殷七业：刘殷，西晋人。他有七个儿子分授七业。④何点三高：何点，南朝人。他和哥哥何求、弟弟何胤都隐居不当官，人称“何氏三高”。

五 歌

二使入蜀[①] 五老游河[②] 孙登坐啸[③] 谭峭行歌[④]

【注释】①二使入蜀：东汉和帝即位后，曾派两名使者去蜀地巡察。②五老游河：相传尧帝曾游览首山，观赏河渚时，看到有五个老人在河中游玩。③孙登坐啸：孙登，魏晋时期人。他隐居山中，擅长长啸，声音响彻山林。④谭峭行歌：谭峭，五代人。他隐居山中修习道术，一心渴望成仙，常常边走边吟唱。

汉王封齿[①] 齐主烹阿[②] 丁兰刻木[③] 王质烂柯[④]

【注释】①汉王封齿：齿，指雍齿。刘邦夺得天下后，曾封数次背叛自己的雍齿为侯。②齐主烹阿：战国时，齐威王发现阿城治理得乱七八糟，就烹死了阿城大夫。③丁兰刻木：丁兰，西汉人。他早年丧母，后用木头刻成母像，精心侍奉。④王质烂柯：相传西晋王质上山砍柴时，曾观看两个小孩下棋，等要回家时发现斧子的木柄已经腐烂了，才知所遇乃神仙。

霍光[①]忠厚 黄霸[②]宽和 桓谭非谶[③] 王商止讹[④]

【注释】①霍光：西汉名臣。②黄霸：西汉名臣。③桓谭非谶：桓谭，东汉人。他熟习五经，精通天文，反对当时流行的谶纬之说。④王商止讹：王商，西汉人。当时曾谣传京城将发洪水，百姓惊慌失措。王商说这必定是讹言，后经查实，的确是讹言。

隐翁龚胜[①] 刺客荆轲 老人结草[②] 饿夫倒戈[③]

【注释】①隐翁龚胜：龚胜，西汉人。他归隐家乡后，自称隐翁。②老人结草：

春秋时期,晋国大将魏颗在作战时,有一老人结草绊倒敌将杜回,帮助魏颗活捉杜回。③饿夫倒戈:饿夫,指春秋时期的晋国人灵辄。他在贫困饥饿时曾受到赵盾的帮助,后来他在晋灵公手下当武士,在晋灵公准备刺杀赵盾时,倒戈救助赵盾。

弈宽李讷① 碑赚孙何② 子猷啸咏③ 斯立④吟哦

【注释】①弈宽李讷:唐代李讷性情急躁,但是下棋时却非常慎重平和。②碑赚孙何:孙何,北宋人。他性情苛刻而对古文字和碑刻非常感兴趣。③子猷啸咏:子猷,指东晋名士王徽之。他酷爱竹子,常常面对竹林啸咏。④斯立:指崔斯立,唐代人。

奕世貂珥① 闾里鸣珂② 昙辍丝竹③ 裒废蓼莪④

【注释】①奕世貂珥:奕世,累世;貂珥,借指帝王贵近之臣。西汉名臣金日磾的子孙后代七世均为皇帝近臣,恩宠不衰。②闾里鸣珂:珂,马身上的玉饰。唐代张嘉贞每次上朝时,里巷中就会传出车马上玉饰的响声。③昙辍丝竹:昙,指东晋羊昙。他的舅舅谢安去世后,他非常哀伤,数年不听丝竹之乐。④裒废蓼莪:裒,指魏晋时期的王裒。他每次读到《诗经·蓼莪》就会悲怆痛哭。

箕陈五福① 华祝三多②

【注释】①箕陈五福:箕,商代贤者。他在《洪范》中记述了五种福。②华祝三多:华,地名。相传尧帝在华地巡察时,华地的封人祝他多寿、多福、多男子。

六 麻

万石秦氏① 三戟崔家② 退之驱鳄③ 叔敖埋蛇④

【注释】①万石秦氏:秦,指东汉秦彭。他家堂兄弟五人每人年俸二千石粮食,人称"万石秦氏"。②三戟崔家:唐代崔琳和两个弟弟崔珪、崔瑶外出时都有武士手持

兵戟在前面开路,人称“三戟崔家”。③退之驱鳄:退之,指唐代韩愈。他任潮州刺史时,曾写下一篇《祭鳄鱼文》,祈祷神灵把鳄鱼撵走。④叔敖埋蛇:叔敖,指春秋时期的孙叔敖。他幼时曾杀死并埋掉一条两头蛇。

虞诩易服[1]　道济量沙[2]　伋辞馈肉[3]　琮[4]却饷瓜

【注释】①虞诩易服:虞诩,东汉人。他曾为了迷惑敌人,令兵将从东门出,从北门入,每进出一次就换一次衣服。②道济量沙:道济,指檀道济,南朝宋人。他北伐时因粮草将尽被迫撤兵,为了稳定军心,他把仅有的余粮洒在沙上,然后称重报数,假装粮食还很充足。③伋辞馈肉:伋,指孔子的孙子孔伋。鲁穆公曾多次派人送肉给他,孔伋推辞不接受。④琮:指苏琮,南北朝人。他为人正直,从不接受馈赠。

祭遵俎豆[1]　柴绍琵琶[2]　法常[3]评酒　鸿渐论茶[4]

【注释】①祭遵俎豆:祭遵,东汉将领,为人恪守礼仪;俎豆,古代祭祀时用的礼器。②柴绍琵琶:柴绍,唐代将领。他曾在两军对战时,命人弹琵琶,以此迷惑敌人。③法常:南宋僧人,酷爱饮酒。④鸿渐论茶:鸿渐,指唐代陆羽。他精通茶道,著有《茶经》一书。

陶怡松菊[1]　田乐烟霞[2]　孟郕九穗[3]　郑珏一麻[4]

【注释】①陶怡松菊:东晋陶潜弃官归田后,以饮酒赏菊为乐。②田乐烟霞:唐代田游岩曾隐居山林,称自己酷爱泉石和烟霞。③孟郕九穗:孟郕,南北朝人。他广施恩德,其治所曾出现一茎九穗的麦子。④郑珏一麻:郑珏,五代人。他家屋下曾突然长出一株麻,人们说这预示他将要成为宰相。

颜回练马[1]　乐广杯蛇[2]　罗珦持节[3]　王播笼纱[4]

【注释】①颜回练马:颜回,孔子弟子;练,白绢。颜回曾看见类似白绢的东西,孔子说那是一匹白马。②乐广杯蛇:乐广,西晋人。他的朋友因发现酒杯中有蛇影而生病,在知道是墙上的弓的投影后,病随之痊愈。③罗珦持节:罗珦,唐代人。他年轻时家贫,曾寄食福泉寺。后来做了高官,持节还乡时,在所住僧房题诗抒怀。④王播笼纱：王播，唐代人。他贫贱时曾寄居惠昭寺木兰院，为官后重游故地，发现自己之前所题的讽刺僧人的诗都被他们恭敬地用碧纱罩上了。

能言李泌[①] 敢谏香车[②] 韩愈辟佛[③] 傅奕[④]除邪

【注释】①能言李泌：李泌曾借武则天残杀亲子的事情，劝谏唐肃宗不要听信谗言而杀害自己的皇子。②敢谏香车：香车，战国时期人。香车曾冒死劝谏国君放弃继续修建宫殿。③韩愈辟佛：韩愈曾劝谏崇信佛教的唐宪宗把佛骨销毁，从根本上杜绝崇佛。④傅奕：唐代人。

春藏足垢[①] 邕嗜疮痂[②] 薛笺成彩[③] 江笔生花[④]

【注释】①春藏足垢：南朝的阴子春多年才洗一次脚，称洗了就会失财败事。②邕嗜疮痂：南朝的刘邕有个怪癖，喜欢吃疮口结的痂。③薛笺成彩：薛，指唐代名妓薛涛。她以溪花、溪水制成彩笺，人称"薛涛笺"。④江笔生花：江，指南朝文人江淹。他曾梦见神人送他一支五彩笔，醒后写诗文就像笔下生花。

班昭汉史[①] 蔡琰胡笳[②] 凤凰律吕[③] 鹦鹉琵琶[④]

【注释】①班昭汉史：班昭，东汉人，大臣班固的妹妹。班固的《汉书》尚未写完就去世了，班昭便接着将《汉书》写完。②蔡琰胡笳：蔡琰，东汉文学家蔡邕之女。她在匈奴入侵时被俘，后来离开匈奴时，作《胡笳十八拍》。③凤凰律吕：相传黄帝曾命乐师伶伦用竹子制成十二管，模拟凤凰的鸣叫声，制定律吕。④鹦鹉琵琶：北宋大臣蔡确有个名为琵琶的侍女，蔡确每次叩击响板，家中鹦鹉就呼喊琵琶来弹琴唱歌。

渡传桃叶[①] 村名杏花

【注释】①渡传桃叶：桃叶，东晋王献之的爱妾。相传王献之远行时，桃叶曾送他至江边渡头，舍不得离别，这个渡口也被人称为"桃叶渡"。

七 阳

君起盘古[①] 人使亚当[②] 明皇花萼[③] 灵运池塘[④]

【注释】①君起盘古:传说盘古是开天辟地的人。②人使亚当:《圣经》中称亚当是人类的始祖。③明皇花萼:唐玄宗在兴庆宫里专门为他的兄弟修建了花萼相辉楼。④灵运池塘:灵运,指谢灵运,南朝诗人。他很欣赏族弟谢惠连的文采,曾梦到谢惠连,醒来就写下了"池塘生春草"这样的好句子。

神威翼德[①] 义勇云长[②] 羿雄射日 衍愤飞霜[③]

【注释】①神威翼德:翼德,指张飞,三国时期蜀汉人。其人英勇威武。②义勇云长:云长,指关羽,三国时期蜀汉人。他为人重义气且英勇无比。③衍愤飞霜:衍,指战国时期的邹衍。他曾蒙冤下狱,因无法申冤而仰天痛哭,使暑热之天突降霜雪。

王祥[①]求鲤 叔向埋羊[②] 亮方管乐[③] 勒比高光[④]

【注释】①王祥:魏晋时期人,为人十分孝顺。②叔向埋羊:叔向,春秋时期人。曾有人偷了羊,把羊头送给他,他的母亲把羊头埋了起来。后来偷羊的事被发现,叔向就把埋的羊头挖出来证明清白。③亮方管乐:诸葛亮曾把自己比作是管仲、乐毅一样的贤才。④勒比高光:勒,指十六国时期后赵的建立者石勒。曾有人把石勒比作汉高祖和汉光武帝,石勒说自己比不上他们。

世南书监[①] 晁错智囊[②] 昌囚羑里[③] 收遁首阳[④]

【注释】①世南书监:世南,指唐代虞世南。唐太宗称他是行走的秘书监,有他陪伴外出,就不需要带书。②晁错智囊:西汉名士晁错被太子誉为"智囊"。③昌囚羑里:周文王姬昌曾被商纣王囚居在羑里。④收遁首阳:收,指隋唐时期的薛收。他在得知李渊要出兵伐隋后，就逃到首阳山响应这一正义之举。

轼攻正叔[1]　浚沮李纲[2]　降金刘豫[3]　顺虏邦昌[4]

【注释】①轼攻正叔：正叔，指程颐。苏轼曾与他人联名弹劾程颐。②浚沮李纲：南宋时，张浚曾伙同他人诬陷名臣李纲。③降金刘豫：刘豫投降金人，多次配合金兵攻宋。④顺虏邦昌：邦昌，指张邦昌，北宋人。他在金兵攻打京城时，极力主张投降。

瑜烧赤壁　轼谪黄冈[1]　马融绛帐[2]　李贺锦囊[3]

【注释】①轼谪黄冈：苏轼一生数次遭遇贬谪，曾被贬至黄冈。②马融绛帐：马融，东汉人。他曾在讲堂中悬挂绛帐，帐前教授学生，帐后令歌伎奏乐。③李贺锦囊：据说唐代诗人李贺出门时令书童背着锦囊跟随其后，一旦想到好诗句就写下投入锦囊。

昙迁营葬[1]　脂习临丧[2]　仁裕诗窖[3]　刘式墨庄[4]

【注释】①昙迁营葬：昙迁，指南朝僧人释昙迁。友人范晔因罪被处死后，他变卖衣物为范晔举办葬礼。②脂习临丧：脂习，东汉人。他和孔融是好友。孔融被曹操处死后，只有脂习伏在他的尸体上为他痛哭。③仁裕诗窖：仁裕，指五代时期的王仁裕。他是位高产诗人，世称“诗窖子”。④刘式墨庄：刘式，北宋人。他家中藏书数千卷，他的妻子称他的藏书是留给孩子们的“墨庄”。

刘琨啸月[1]　伯奇履霜[2]　塞翁失马　臧穀亡羊[3]

【注释】①刘琨啸月：刘琨，东晋人。他被胡兵围困在城中时，曾趁着月光登楼清啸。②伯奇履霜：伯奇，指西周的尹伯奇。他因自己无罪被逐而感到哀伤，写下《履霜赋》。③臧穀亡羊：臧指男奴隶，穀指童子。相传一个奴隶和一个童子一起去放羊，两人都把羊弄丢了。问丢羊的原因，奴隶说是自己在放羊时读书，童子说是自己在放羊时玩游戏。

寇公枯竹[①] 召伯甘棠[②] 匡衡[③]凿壁 孙敬[④]悬梁

【注释】①寇公枯竹：寇准曾因诬陷被贬，临走前把一支竹子插在祠堂前，称自己如果辜负了朝廷，这支竹子便会枯萎。②召伯甘棠：召伯，指西周的召公姬奭。召公施行仁政，深受百姓拥护。百姓在他去世后作《甘棠》来悼念他。③匡衡：西汉人。④孙敬：东汉人。

衣芦闵损[①] 扇枕黄香[②] 婴扶赵武[③] 籍杀怀王[④]

【注释】①衣芦闵损：闵损，春秋时期人。他的继母虐待他，冬天给他穿芦花絮做的棉衣。②扇枕黄香：黄香，东汉人。他非常孝顺父亲，夏天时扇凉枕头席子再让父亲入睡。③婴扶赵武：春秋时期，赵盾全家被屠岸贾杀害，门客程婴救出了赵盾的遗腹子赵武，并抚养长大。④籍杀怀王：秦灭亡后，项羽自封西楚霸王，暗地里命人杀害了义帝楚怀王。

魏徵妩媚[①] 阮籍猖狂 雕龙刘勰[②] 憨骥应玚[③]

【注释】①魏徵妩媚：唐太宗曾感叹别人都说魏徵轻疏傲慢，自己看魏徵却觉得他姿态美好。②雕龙刘勰：南朝梁的刘勰著有《文心雕龙》一书。③憨骥应玚：东汉人应玚曾写《憨骥赋》抒发自己怀才不遇的心情。

御车泰豆[①] 习射纪昌[②] 异人彦博[③] 男子天祥[④]

【注释】①御车泰豆：相传西周时期的泰豆非常善于驾车。②习射纪昌：纪昌曾向神射手飞卫学习射箭，后能够射中马尾上的虱子而马尾不断。③异人彦博：彦博，指北宋文彦博。他气质端庄威严，曾被契丹使者称为天下异人。④男子天祥：天祥，指南宋名将文天祥。他带兵抗元，兵败被俘后誓死不屈。元主为之可惜，称他为真男子。

忠贞古弼[①] 奇节任棠[②] 何晏谈易[③] 郭象注庄[④]

【注释】①忠贞古弼：古弼，北魏大臣，为人忠诚敏捷。②奇节任棠：任棠，东汉人。他有不同于常人的节操，曾隐居汉阳，教授门生。③何晏谈易：三国时期曹魏的何晏擅长清谈，自称精通《周易》。④郭象注庄：西晋人郭象喜好道家学说，相传他曾对向秀所注的《庄子》进行补充。

卧游宗子① 坐隐王郎② 盗酒毕卓③ 割肉东方④

【注释】①卧游宗子：宗子，指南朝宋的宗炳。他爱好山水，喜欢远游，曾称自己年老生病后恐怕只能躺着游览了。②坐隐王郎：王郎，指东晋王坦之。他称围棋为“坐隐”。③毕卓：东晋人，性情放达而酷爱饮酒。④割肉东方：皇帝曾赐肉给随从的官员，东方朔未等大官到来便自己先割肉回家。

李膺破柱① 卫瓘抚床② 营军细柳③ 校猎长杨④

【注释】①李膺破柱：李膺，东汉人。他曾拆破宦官张让家的夹柱，捉拿里面畏罪潜逃的张朔。②卫瓘抚床：卫瓘，西晋大臣。卫瓘曾趁喝醉酒，跪在晋武帝前抚床表示把皇位传给愚钝的太子实在可惜。③营军细柳：西汉大将周亚夫曾驻军细柳以防御匈奴。④校猎长杨：西汉成帝喜欢外出打猎，常常把捉到的野兽送往长杨射熊馆向胡人夸耀。

忠武具奠① 德玉居丧② 敖曹③雄异 元发疏狂④

【注释】①忠武具奠：岳飞在师父周侗去世后，每月初一、十五亲自准备祭品祭奠师父。②德玉居丧：元代顾德玉的老师俞观光没有儿子，顾德玉便为他料理后事。③敖曹：指北朝的高昂。④元发疏狂：元发，指北宋滕达道，其人生性疏狂。

寇却例簿① 吕置夹囊② 彦升白简③ 元鲁青箱④

【注释】①寇却例簿：寇准为相时，曾废除以往选官惯用的例簿，以贤能与否作为选拔标准。②吕置夹囊：北宋吕蒙正常备有一个夹囊，囊中装有册子记录求见之人的才能，并分门别类，以备选用。③彦升白简：彦升，指南朝的任昉；白简，古时弹劾官员的奏章。④元鲁青箱：元鲁，指南朝的王准之。他将各种礼仪、礼节及江左旧事收集整理成册封藏于青箱。

孔融了了[1]　黄宪汪汪[2]　僧岩不测[3]　赵壹非常[4]

【注释】①了了:聪慧、通晓事理。②黄宪汪汪:黄宪,东汉人;汪汪,深广的样子。③僧岩不测:僧岩,指南朝的赵僧岩。他气度宽宏,深不可测。④赵壹非常:赵壹,东汉人。他性格耿介狂傲,举止独特,不同常人。

沈思好客[1]　颜驷为郎[2]　申屠松屋[3]　魏野草堂[4]

【注释】①沈思好客:北宋的沈思非常喜欢接待宾客。②颜驷为郎:颜驷,西汉人;郎,指侍郎、郎中等职。③申屠松屋:申屠,指东汉申屠蟠。他隐居山林,依松建房,拒绝做官而钻研学问。④魏野草堂:魏野,北宋人。他曾在城郊建造草堂,自称“草堂居士”。

戴渊西洛[1]　祖逖南塘[2]　倾城妲己　嫁虏王嫱[3]

【注释】①戴渊西洛:戴渊,东晋人。他年轻时为盗贼,曾抢劫向西返回洛阳的陆机,陆机趁机劝解他,使他深受感悟,放弃为盗。②祖逖南塘:东晋初年,祖逖和他门下的宾客常常去当时富户聚集的南塘劫掠富户。③嫁虏王嫱:王嫱,即王昭君,西汉人。她曾主动请求远嫁匈奴,为汉与匈奴的友好往来做出了巨大贡献。

贵妃桃髻[1]　公主梅妆[2]　吉了思汉[3]　供奉忠唐[4]

【注释】①贵妃桃髻:唐玄宗曾在游园时亲自折了一枝桃花插到杨贵妃的发髻上,称能增添贵妃娇美的风韵。②公主梅妆:公主,指南朝宋的寿阳公主。相传她曾在宫殿的房檐下躺卧,一朵梅花落到她的额头上,像是故意画的妆,使公主显得妩媚动人。③吉了思汉:吉了,即秦吉了,鸟名,能说各种人话。据说曾有夷人买回家一只,吉了说自己是汉地的禽鸟,不入夷地,后绝食而死。④供奉忠唐:朱温篡夺唐室皇位后,唐昭宗养的名为供奉的猴子看到朱温就跳过去撕扯他的衣帽。

卷四

八庚

萧收图籍[①] 孔惜繁缨[②] 卞庄刺虎[③] 李白骑鲸

【注释】①萧收图籍:萧,指萧何。刘邦攻入秦都咸阳后,萧何将秦朝的法律、诏令、文书等文献档案都收藏起来。②孔惜繁缨:孔,指孔子;繁缨,指诸侯车马上的装饰。③卞庄刺虎:卞庄,春秋时期人。他十分勇猛,想刺杀老虎。有人便教他在两虎为吃牛而相互打斗至两败俱伤的时候再去刺虎,这样就可以一举两得。

王戎支骨[①] 李密陈情[②] 相如完璧 廉颇负荆

【注释】①王戎支骨:王戎,魏晋时期人。他的父亲去世后,他因过分哀伤而身体虚弱,瘦骨嶙峋。②李密陈情:李密,西晋人。他写下《陈情表》请求皇帝允许他在家侍奉与自己相依为命的祖母。

从龙介子[①] 飞雁苏卿[②] 忠臣洪皓[③] 义士田横[④]

【注释】①从龙介子:介子,指春秋时期的介之推。他曾追随晋国公子重耳长期流亡,后来重耳回国成为国君。②飞雁苏卿:苏卿,指西汉名臣苏武。他出使匈奴,被扣留十九年,曾以飞雁传书传递自己的境况。③忠臣洪皓:洪皓,南宋人。他出使金国时,曾被金国扣留十五年,但始终坚贞不屈,忠于宋室。④田横:秦末人,他因觉得投降于汉非常羞耻,于是自杀身亡。

李平鳞甲[①] 苟变干城[②] 景文饮鸩[③] 茅焦伏烹[④]

【注释】①李平鳞甲:李平,三国时期蜀汉人;鳞甲,比喻人心奸诈。②苟变干城:苟变,战国时期人;干城,比喻能御敌而捍卫国家的将士。③景文饮鸩:景文,指南朝宋的王彧。他与客人下棋时，突然收到皇帝的诏书和一杯毒酒，在棋局胜负已定后，他喝下鸩酒，毒发身亡。④茅焦伏烹：秦代的茅焦曾冒着被杀的风险向秦始皇进谏，讲明利害后，解开衣服准备接受酷刑。

许丞耳重[①]　丁掾目盲[②]　佣书德润[③]　卖卜君平[④]

【注释】①许丞耳重：许丞，西汉人。太守黄霸说许丞是个廉洁的官员，即便年老耳聋也没什么妨碍，因此拒绝罢免他。②丁掾目盲：丁掾，指东汉人丁仪。曹操非常欣赏丁仪的才华，称即使丁仪两只眼睛都失明，也应该把女儿嫁给他。③德润：指三国时期吴国的阚泽。④卖卜君平：君平，指西汉严遵。他隐居不仕，以占卜算命为生。

马当王勃[①]　牛渚袁宏[②]　谈天邹衍[③]　稽古桓荣[④]

【注释】①马当王勃：王勃，唐代人。他去探望父亲时曾途径马当山，夜里梦见水神助他一帆风顺。②牛渚袁宏：袁宏，东晋人。他年轻时曾运送货物途经牛渚，并在这里结识了征西将军谢尚。③谈天邹衍：战国时邹衍创阴阳五行之说，论述天道变迁之理，人称“谈天邹”。④稽古桓荣：东汉桓荣和人辩论经义时能以理服人，其称这是自己平时考察古籍的功劳。

岐曾贩饼[①]　平[②]得分羹　卧床逸少[③]　升座延明[④]

【注释】①岐曾贩饼：东汉赵岐曾因得罪高官而隐姓埋名逃到外地以卖饼为生。②平：指唐代郑平。③卧床逸少：逸少，指东晋名士王羲之。太尉郗鉴曾来王家挑选女婿，王羲之却躺在床上，一副若无其事的样子。④升座延明：延明，指北朝人刘昞。他的老师郭瑀特别安排了一个座席，对弟子们说谁能坐到上面，就把女儿嫁给他。刘昞听了就立刻撩起衣服坐了上去。郭瑀便把女儿嫁给了他。

王勃心织[①]　贾逵舌耕[②]　悬河郭子[③]　缓颊郦生[④]

【注释】①王勃心织：唐代诗人王勃才华横溢，常有人出重金请他写文作诗，人们称他像用心织布来积累财富。②贾逵舌耕：贾逵，东汉人。他学识渊博，教学授业，人们称他用舌头耕耘得到粮食。③悬河郭子：西晋的郭象擅长清谈，每次谈论起来就像高悬而下的大河之水一样滔滔不绝。④缓颊郦生:郦生,指西汉名臣郦食其;缓颊,婉言劝解或代人讲情。

书成凤尾[1] 画点龙睛 功臣图阁[2] 学士登瀛[3]

【注释】①凤尾:指凤尾诺,古代帝王批示笺奏,表示认可就署“诺”字,因字尾形如凤尾,因以得名。②功臣图阁:唐太宗李世民曾令画工把二十四位开国功臣的像画在凌烟阁。③学士登瀛:李世民曾将杜如晦、房玄龄等十八人封为文学馆学士,人称“登瀛学士”。

卢携貌丑[1] 卫玠神清[2] 非熊[3]再世 圆泽三生[4]

【注释】①卢携貌丑:唐代卢携面貌丑陋,但文章写得很好。②卫玠神清:东晋卫玠姿容俊逸,气质清雅,被当时人称为“璧人”。③非熊:指唐代顾非熊,诗人顾况之子。④圆泽三生:圆泽,唐代僧人。他曾和好友相约十三年后在杭州天竺寺相见,然后当晚就死了。十三年后,李源在杭州天竺寺遇见圆泽转世的牧童。

安期东渡[1] 潘岳西征[2] 志和耽钓[3] 宗仪辍耕[4]

【注释】①安期东渡:安期,指东晋王承,其于西晋灭亡后,东渡过江。②潘岳西征:西晋潘岳在西去长安任官途中,曾作《西征赋》。③志和耽钓:唐代张志和隐居江湖后,沉迷垂钓。④宗仪辍耕:宗仪,指陶宗仪,元末明初人。他在田间耕作时,一旦有了灵感就立即停止耕作将其记录下来。

卫鞅行诈[1] 羊祜推诚[2] 林宗[3]倾粥 文季争羹[4]

【注释】①卫鞅行诈:战国时,秦国曾伐魏国,商鞅送信给魏国公子,谎称愿意与魏订盟罢兵,使魏国上当受骗。②羊祜推诚:羊祜,魏晋时期人。他曾与东吴大将陆抗相对峙,但双方却相互信任不偷袭。③林宗:指东汉郭林宗。④文季争羹:南朝齐的沈文季曾在宫宴上和崔祖思争论羹脍究竟属于南方食物还是北方食物。

茂贞[①]苛税　阳城缓征[②]　北山学士[③]　南郭先生[④]

【注释】①茂贞：指唐代人李茂贞。②阳城缓征：阳城，唐代人；缓征，放缓时间，推迟征收。③北山学士：北宋徐大正曾在北山下筑室隐居，被人称为“北山学士”。④南郭先生：北宋雍存因家住城南而被称为“南郭先生”。

文人鹏举[①]　名士道衡[②]　灌园陈定[③]　为圃苏卿[④]

【注释】①鹏举：指北魏的温子昇。②道衡：指隋代的薛道衡。③灌园陈定：春秋时期楚国的隐士陈定曾为了逃避做官，和妻子双双逃走，为别人浇灌园圃。④为圃苏卿：南宋隐士苏云卿曾隐居豫章东湖，种菜、织鞋，自给自足。

融赋沧海[①]　祖咏彭城[②]　温公[③]万卷　沈约四声[④]

【注释】①融赋沧海：西晋的张融曾作《海赋》。②祖咏彭城：祖，指北魏的祖莹。他曾脱口而作《悲彭城》。③温公：指司马光，北宋人。④沈约四声：南朝的沈约提出诗歌的韵律应遵循“四声八病”之说。

许询胜具[①]　谢客[②]游情　不齐宰单[③]　子推相荆[④]

【注释】①许询胜具：东晋的许询喜爱游山玩水且身体健壮。②谢客：指谢灵运。③不齐宰单：不齐，指孔子的学生宓不齐；宰，主管。④子推相荆：介之(子)推曾在楚国任相。

仲淹复姓[①]　潘阆藏名[②]　烹茶秀实[③]　漉酒渊明[④]

【注释】①仲淹复姓：北宋名臣范仲淹曾随继父改姓为朱，中进士后，皇帝准许他恢复本姓。②潘阆藏名：北宋人潘阆得罪政敌，为躲避祸害而隐姓埋名藏身山谷寺。③烹茶秀实：秀实，指北宋陶谷。他的家姬曾暗讽陶谷取雪烹茶的风雅太显寒酸。④漉酒渊明：东晋陶渊明酷爱饮酒且不拘小节，遇到酒中有渣滓，便脱下头巾来过滤。

善酿白堕[1]　纵饮公荣[2]　仪狄造酒　德裕调羹[3]

【注释】①善酿白堕：南北朝时期的刘白堕善于酿酒。②纵饮公荣：魏晋时期的刘公荣酒量大，不论对方是什么人，都能跟他们一同饮酒。③德裕调羹：唐代李德裕生活奢华，据说他喝的羹一顿就要花费三万钱。

印屏王氏[1]　前席贾生[2]

【注释】①印屏王氏：唐玄宗的后妃王美人曾在梦中将墨汁印在屏风上。②前席贾生：贾生，指贾谊，西汉人。汉文帝曾向他询问鬼神方面的问题，谈话间不知不觉地将自己的座席向前移动，以便更靠近贾谊。

九　青

经传御史[1]　偈赠提刑[2]　士安正字[3]　次仲谈经[4]

【注释】①经传御史：御史，指西汉名臣公孙弘。他建议汉武帝设立五经博士，为儒学的推广做出了巨大贡献。②偈赠提刑：提刑，指北宋郭祥正。他曾去拜会高僧白云禅师，禅师赠送他一句偈言。③士安正字：士安，指唐代刘晏，才智过人；正字，官名。④次仲谈经：次仲，指东汉戴凭。戴凭博览经书，曾在说经时胜过五十余人。

咸遵祖腊[1]　宽识天星[2]　景焕垂戒[3]　班固勒铭[4]

【注释】①咸遵祖腊：咸，指陈咸，西汉人；祖腊，腊月祭祀路神。②宽识天星：相传西汉张宽曾认出一个外形奇异的女子是主管祭祀的天星。③景焕垂戒：景焕，北宋人，曾撰写《野人闲语》；垂戒，留给后人的训诫。④班固勒铭：东汉名臣班固曾奉命在塞外的燕然山上镌刻铭文。

能诗杜甫　嗜酒刘伶　张绰剪蝶[1]　车胤囊萤[2]

【注释】①张绰剪蝶：张绰，唐代人。相传他有法术，曾用纸剪了二三十只蝴蝶，用嘴一吹，蝴蝶便开始成对飞舞。②车胤囊萤：车胤，东晋人。他好学而家贫，曾用萤火虫的光来照明读书。

鸜鹆[1]学语　鹦鹉诵经[2]

【注释】①鸜鹆：鸟名，即八哥。②鹦鹉诵经：相传唐代洛阳曾有人养了一只非常有灵性的鹦鹉，后把它送给庙里的和尚，鹦鹉还学会了念经。

十　蒸

公远[1]玩月　法善观灯[2]　燕投张说[3]　凤集徐陵[4]

【注释】①公远：指唐代道士罗公远。②法善观灯：法善，指唐代道士叶法善。相传他曾施展法术带唐玄宗去千里之外的凉州看花灯。③燕投张说：张说，唐代名臣。他的母亲曾梦见有只玉燕落在自己怀里，后来就生下了张说。④凤集徐陵：徐陵，南朝人。相传他的母亲曾梦见凤凰落在自己肩上，而后便生下了徐陵。

献之书练[1]　夏竦题绫[2]　安石执拗　味道模棱[3]

【注释】①献之书练：东晋书法家王献之曾在羊欣穿的白练衣服上写字。②夏竦题绫：北宋夏竦曾在杨徽之的绫帕上题诗。③味道模棱：唐代大臣苏味道说话做事模棱两可。

韩仇良复[1]　汉纪备存[2]　存鲁端木[3]　救赵信陵[4]

【注释】①韩仇良复：良，指张良。他本是韩国的公子，秦灭韩后，他投靠刘邦，助其灭掉秦国，为韩国报了仇。②汉纪备存：备，指刘备。刘备建立蜀汉政权，继承汉室正统。③存鲁端木：端木，指孔子弟子端木赐。他在齐国出兵攻打鲁国时保全了鲁国。④救赵信陵：信陵，指魏国的信陵君魏无忌。他曾设计盗取魏国兵符，夺取兵权，解救了被秦国围困的赵国。

邵雍识乱[①]　陵母知兴[②]

【注释】①邵雍识乱：据说北宋邵雍能推测天下的治与乱。②陵母知兴：陵，指西汉大臣王陵。王陵的母亲曾让人转告他好好为刘邦效力，说刘邦终将一统天下。

十一　尤

琴高赤鲤[①]　李耳青牛[②]　明皇羯鼓[③]　炀帝龙舟[④]

【注释】①琴高赤鲤：琴高，战国时期人。相传他曾去水中抓龙子，后乘着赤鲤归来。②李耳青牛：李耳，即老子。相传他曾骑着青牛出函谷关。③明皇羯鼓：唐玄宗非常喜欢胡人的羯鼓，并且很擅长演奏羯鼓。④炀帝龙舟：隋炀帝曾乘龙舟巡游扬州。

羲叔正夏[①]　宋玉[②]悲秋　才压元白[③]　气吞曹刘[④]

【注释】①羲叔正夏：羲叔，上古尧帝时期人。相传他奉命制作历法时，根据日影的长短确定了夏至日。②宋玉：战国时期人。③元白：指唐代诗人元稹和白居易。二人才华横溢，所作诗歌在当时被广泛传颂。④曹刘：指曹植和刘桢。二人文采出众，诗文慷慨有气势。

信擒梦泽[①]　翻徙交州[②]　曹参[③]辅汉　周勃安刘[④]

【注释】①信擒梦泽：韩信曾被人诬告谋反，汉高祖派人在云梦泽擒拿了他。②翻徙交州：三国时期吴国的虞翻曾因进谏惹怒孙权，被贬交州。③曹参：西汉名臣。④周勃安刘：周勃，西汉名将。刘邦曾称周勃稳重敦厚，质朴平实，能够使刘氏天下安定。

太初日月[①]　季野春秋[②]　公超成市[③]　长孺为楼[④]

【注释】①太初日月：太初，指夏侯玄，三国时期曹魏人。他气度宽阔，神容清朗，人们称赞他“朗朗如日月之入怀”。②季野春秋：季野，指东晋名士褚裒。他不善言辞，但内心却爱憎分明，因而桓彝称其“有皮里春秋”。③公超成市：公超，指东汉学者张楷。他博学多识，慕名来求学的人多得都聚集成市了。④长孺为楼：长孺，指唐代人孙长孺。他好学且爱藏书，曾建楼藏书。

楚邱始壮[①]　田豫乞休[②]　向长损益[③]　韩愈斗牛[④]

【注释】①楚邱始壮：楚邱，战国时期人。虽然年事已高，但他自称在出谋划策上自己还很健壮。②田豫乞休：田豫，三国时期曹魏人。他曾请求辞官离休，称年过七十还位居高位便成了罪人。③向长损益：向长，两汉时期人。他有次读到《易》中的损卦、益卦时，感叹自己不知死和生哪个更好。④韩愈斗牛：韩愈曾写《三星行》一诗，通过对斗、牛、箕三个星宿的描写，抒发自己仕途坎坷的感叹。

琎除酿部[①]　玄拜隐侯[②]　公孙东阁[③]　庞统南州[④]

【注释】①琎除酿部：琎，指唐代汝阳王李琎。他酷爱饮酒，曾自称“酿王兼曲部尚书”。②玄拜隐侯：西汉隐士王玄被汉景帝封为隐侯。③公孙东阁：西汉名臣公孙弘曾设东阁招揽贤士，并与他们共商国是。④庞统南州：三国时期蜀汉的庞统足智多谋，被称为“南州士之冠冕”。

袁耽掷帽[①]　仁杰携裘[②]　子将月旦[③]　安国阳秋[④]

【注释】①袁耽掷帽：袁耽，东晋人。他多才多艺，尤其擅长赌博，在当时很有名气，曾在赌博时扔下帽子，说让不认识自己的对方见识一下自己的赌技。②仁杰携裘：狄仁杰曾从张昌宗手里赢得一件集翠裘。③子将月旦：东汉名士许劭善识才，每个月进行一次评选，故称“月旦评”。④安国阳秋：安国，指东晋名士孙盛。他曾作《晋阳秋》一书，记录两晋时期的人物和事件。

德舆西掖[1]　庾亮南楼[2]　梁吟傀儡[3]　庄梦髑髅[4]

【注释】①德舆西掖：唐代的权德舆曾在西掖任职八年。②庾亮南楼：东晋名士庾亮曾登临南楼与下属一起赏月吟诗。③梁吟傀儡：梁，指唐代人梁锽。他曾作《傀儡吟》描写当时表演木偶戏的情景。④庄梦髑髅：庄，指庄子；髑髅，指死人的头骨。

孟称清发[1]　殷号风流[2]　见讥子敬[3]　犯忌杨修[4]

【注释】①孟称清发：唐代诗人孟浩然的诗歌风格清新淡雅，被人们赞为"清发"。②殷号风流：殷，指东晋人殷浩。他喜爱研究《老子》和《易经》，深受当时风流人物的推崇。③见讥子敬：子敬，指王献之。他曾被父亲的门生讥笑。④犯忌杨修：杨修，东汉人。他多次在曹操面前崭露头角，被生性多疑且忌才的曹操找借口杀死。

荀息累卵[1]　王基载舟[2]　沙鸥可狎[3]　蕉鹿难求[4]

【注释】①荀息累卵：荀息，春秋时期人。他对晋灵公说为建筑九层台而劳民伤财比把九个鸡蛋垒起来更危险。②王基载舟：王基，三国时期曹魏人。他以百姓就像水一样，可以载舟，也可以覆舟来劝谏皇帝。③沙鸥可狎：从前有个人每天到海边与鸥鸟嬉戏，这些鸟丝毫也不惧怕他。④蕉鹿难求：相传郑国有个人在砍柴时打死了一只鹿，怕被人发现，便把鹿藏在蕉叶下面，但后来他忘了藏鹿的地方。

黄联池上[1]　杨咏楼头[2]　曹兵迅速[3]　李使迟留[4]

【注释】①黄联池上：北宋人黄鉴七岁时曾在池边对出祖父给出的上联。②杨咏楼头：北宋人杨亿小时候上楼时不小心磕到了头，竟然立刻吟了一首诗。③曹兵迅速：曹操曾带领三千骑兵疾速前进，日狂奔三百多里。④李使迟留：李，指东汉人李郃。他曾奉命去恭贺窦宪娶妻，但因为认为窦宪恃宠骄横，必会招致危亡，于是途中故意滞留。

孔明流马[1]　田单火牛[2]　五侯奇膳[3]　九婢珍馐[4]

【注释】①孔明流马:诸葛亮用流马运输军粮。②田单火牛:田单,战国时期人。他曾用火牛阵击败燕军,收复七十多座城池。③五侯奇膳:西汉人楼护曾将王氏五侯送给他的美食和鲭鱼肉一齐烹煮,合成新的美味“五侯鲭”。④九婢珍馐:唐代的段文昌精通烹饪。相传他的烹饪技艺只有九个婢女学到了精髓。

光安耕钓① 方慕巢由② 适嵇命驾③ 访戴操舟④

【注释】①光安耕钓:东汉隐士严光以耕作垂钓为乐。②方慕巢由:方,指薛方,西汉人。他拒绝朝廷的征召,表示自己要效法隐士巢父和许由,持节守志。③适嵇命驾:吕安每想起好友嵇康,就不远千里驾车探访。④访戴操舟:东晋王徽之曾在一个雪夜忽然想念朋友戴逵,便立刻乘舟去探访他,到了却不进其门而原路返回。

篆推史籀① 隶善钟繇② 邵瓜五色③ 李橘千头④

【注释】①篆推史籀:史籀,春秋时期人。相传他创造了大篆。②隶善钟繇:汉魏时期的钟繇擅长写正楷、隶书。③邵瓜五色:秦汉时期的邵平曾官封“东陵侯”,因此他种的五色瓜被称为“东陵瓜”。④李橘千头:李,指李衡,三国时期吴国人。他曾悄悄在龙阳建造住宅,并种上千株橘树。

芳留玉带① 琳卜金瓯② 孙阳③识马 丙吉④问牛

【注释】①芳留玉带:明代名臣李春芳考中进士后,把自己的玉带留在少时学习的崇明寺。②琳卜金瓯:唐玄宗想拜崔琳为相,便把他的名字写好,用金碗盖住,让太子猜。③孙阳:即伯乐,春秋时期人。④丙吉:西汉名臣。

盖忘苏隙① 聂报严仇② 公艺百忍③ 孙昉四休④

【注释】①盖忘苏隙:东汉时,盖勋和苏正和有私怨,刺史梁鹄想杀苏正和,盖勋却抛开私人恩怨,极力反对。②聂报严仇:战国时,严仲子和韩傀有怨,请聂政帮忙刺杀韩傀。③公艺百忍:唐高宗曾向张公艺询问家庭和睦相处的诀窍,张公艺写了一百多个“忍”字给唐高宗。④孙昉四休:北宋人孙昉自称“四休居士”。

钱塘驿邸① 燕子楼头②

【注释】①钱塘驿邸：北宋初年，陶谷出访南唐，在钱塘驿借宿时，写了一首《风光好》赠送给歌女秦弱兰。②燕子楼头：唐代张愔镇守徐州时，和歌妓关盼盼关系亲密。他去世后，关盼盼独居燕子楼，守节不嫁。

十二 侵

苏耽橘井① 董奉杏林② 汉宣续令③ 夏禹惜阴

【注释】①苏耽橘井：苏耽，西汉人。相传他曾预知将发生瘟疫，便种橘挖井，叮嘱母亲吃一瓣橘子，喝一杯井水就能治愈瘟疫。②董奉杏林：董奉，东汉末年人。他给人治病从不收诊金，而是让治愈的病人栽种杏树。③汉宣续令：西汉宣帝时，大臣魏相曾奏请皇帝选拔四个通晓阴阳律令的学者来调和阴阳，使国家风调雨顺。

蒙恬造笔① 太昊制琴② 敬微谢馈③ 明善辞金④

【注释】①蒙恬造笔：相传秦代大将蒙恬发明了毛笔。②太昊制琴：相传伏羲发明了琴。③敬微谢馈：敬微，指南朝人宗测。他游览庐山时，谢绝了江州太守的赠礼。④明善辞金：明善，指元代人元明善。他出使交趾国时，拒绝了国王的赠金。

睢阳嚼齿① 金藏披心② 固言柳汁③ 玄德桑阴④

【注释】①睢阳嚼齿：唐代名臣张巡曾戍守睢阳，作战时大声呼喊，把牙齿都咬碎了。②金藏披心：武则天曾怀疑太子谋反，安金藏用刀剖开肚子替太子证明清白。③固言柳汁：固言，指唐代人李固言。相传他曾遇柳树神，神君说已用柳汁染了他的衣服，没过多久他就中了状元。④玄德桑阴：刘备家东南角种有桑树，远远看上去像车盖一样。

姜桂敦复[①] 松柏世林[②] 杜预传癖[③] 刘峻书淫[④]

【注释】①姜桂敦复：南宋人晏敦复曾自比姜、桂，称不会为了一己私利而误国事。②松柏世林：世林，指东汉人宗世林。他看不起曹操的为人，不跟他交往，在曹操总揽朝政时，仍称自己松柏之志犹存。③杜预传癖：杜预，西晋人。他称自己有"《左传》癖"。④刘峻书淫：刘峻，南朝梁人。他嗜书成癖，被人称为"书淫"。

钟会窃剑[①] 不疑盗金[②] 桓伊弄笛[③] 子昂碎琴[④]

【注释】①钟会窃剑：钟会，三国时期曹魏人。他曾从母亲那里骗取了舅舅的宝剑。②不疑盗金：西汉人直不疑被同僚误会偷金，他不作辩解，用自己的金子偿还。③桓伊弄笛：东晋名士桓伊善吹笛。④子昂碎琴：唐代的陈子昂曾当着众人的面把花百万买的琴摔坏，称自己有文章百卷，这个琴不足以让人上心。

琴张礼意[①] 苏轼文心[②] 公权[③]隐谏 蕴古详箴[④]

【注释】①琴张礼意：琴张，指孔子的弟子子张。他和子桑户、孟之反是知己。子桑户去世时，他和孟之反在灵堂上弹琴唱歌表达礼意。②苏轼文心：苏轼曾称自己平生的一大畅快之事就是写文章能纵横奔放，尽抒心意。③公权：指唐代书法家柳公权。④蕴古详箴：蕴古，指唐代张蕴古。他曾作《大宝箴》来劝皇帝关心民生疾苦。

广平作赋[①] 何逊行吟[②] 荆山泣玉[③] 梦穴唾金[④]

【注释】①广平作赋：广平，指唐代名臣宋璟。他曾作有《梅花赋》等。②何逊行吟：南朝的何逊在扬州任职时，常常在府中的梅树下吟诗。③荆山泣玉：春秋时期楚国人卞和曾在荆山获得一块璞玉，他把玉献给国君，国君却认为这是石头，卞和因此抱着璞玉痛哭。④梦穴唾金：相传曾有船夫搭载了一个要去梦穴的人，那人把口水吐在船上，他离去后，船夫发现唾液变成了黄金。

孟嘉[①]落帽 宋玉披襟[②] 沫经三败[③] 获被七擒[④]

【注释】①孟嘉：东晋人。②宋玉披襟：宋玉，战国时期人。他曾陪同楚襄王游兰台，一阵大风吹来，楚王迎风敞开衣襟，感到十分畅快。③沫经三败：沫，指曹沫，春秋时期鲁国人。他曾三次败于齐国。④获被七擒：三国时期，孟获反叛蜀汉，被诸葛亮七擒七纵，最终心悦诚服地投降了。

易牙调味[①] 钟子聆音[②] 令狐冰语[③] 司马琴心[④]

【注释】①易牙调味：易牙，春秋时期人。他擅长烹饪，为了讨好齐桓公，把自己的儿子烹制成食物献给齐桓公。②钟子聆音：钟子，指春秋时期的钟子期。他能从俞伯牙的琴声中听出对方的心境，俞伯牙因此视他为知音。③令狐冰语：西晋人令狐策曾梦到自己站在冰上跟冰下的人谈话。④司马琴心：西汉人司马相如曾在宴会上弹奏《凤求凰》向卓文君表达爱慕之情。

灭明[①]毁璧 庞蕴投金[②] 左思三赋[③] 程颐四箴[④]

【注释】①灭明：指孔子的弟子澹台灭明。②庞蕴投金：唐代庞蕴曾把家中所有的资产沉入江中，然后带领全家去修行。③左思三赋：西晋左思曾构思十年写出了《三都赋》。④程颐四箴：北宋学者程颐提出"视、听、言、动"四句箴言以自警。

十三 覃

陶母截发[①] 姜后脱簪[②] 达摩[③]面壁 弥勒同龛[④]

【注释】①陶母截发：东晋名将陶侃的母亲曾将自己的头发剪掉，卖钱买米让儿子待客。②姜后脱簪：周宣王曾经因贪睡耽误了早朝，王后姜氏认为是自己的过错，便摘下发簪，自行请罪。③达摩：中国佛教禅宗创始人。④弥勒同龛：指高僧修行。

龙逄极谏[①] 王衍清谈[②] 青威漠北[③] 彬下江南[④]

【注释】①龙逄极谏:夏代的关龙逄曾劝谏夏桀,却被夏桀杀害。②王衍清谈:王衍,西晋名士。他极爱清谈,身居要职却不理政事,最后被石勒杀死。③青威漠北:西汉名将卫青曾多次带兵出击匈奴,屡立大功,威震漠北。④彬下江南:北宋名将曹彬曾随宋太祖征伐江南,带领军队攻破金陵,使南唐后主李煜降宋。

遐福郭令[①]　上寿童参[②]　郗愔启箧[③]　殷羡投函[④]

【注释】①遐福郭令:遐福,指久远之福;郭令,指唐代名将郭子仪。②上寿童参:上寿,高寿;童参,北宋人。③郗愔启箧:郗愔,东晋人。他打开亡子留给他的盒子后,发现里面全是儿子和意图谋反的桓温的来往书信。④殷羡投函:东晋殷羡赴任豫章太守时,许多官吏托其带信,后殷羡将信都抛进了水里。

禹偁[①]敏赡　鲁直沉酣[②]　师徒布算[③]　姑妇手谈[④]

【注释】①禹偁:指北宋名臣王禹偁。②鲁直沉酣:鲁直,指北宋诗人黄庭坚。他学识渊博,醉心于经史。③师徒布算:相传唐代有几个僧人四处访师求学,走到天台山国清寺时,听见院里的和尚在卜卦推算,说今日将有弟子远来。④姑妇手谈:相传唐代的王积薪曾在一户人家借宿,晚上他听到这家婆媳二人在暗无烛火的屋内下围棋,最后婆婆称自己胜出。后来王积薪向婆婆请教棋艺,果然精进不少。

十四　盐

风仪李揆[①]　骨相吕岩[②]　魏牟尺縰[③]　裴度千缣[④]

【注释】①风仪李揆:李揆,唐代人。其仪表堂堂,才貌双全。②骨相吕岩:吕岩,即吕洞宾。相传他在婴孩时就被认为骨相非凡。③魏牟尺縰:战国时,魏牟曾劝谏国君如果能像关心做帽子的这二尺縰一样关心国事,国家就能长治久安。④裴度千缣:唐代的裴度曾请皇甫湜为新修的寺庙写碑文,以千缣作为酬谢。

孺子磨镜[1]　麟士织帘[2]　华歆[3]逃难　叔子避嫌[4]

【注释】①孺子磨镜：东汉名士徐稚曾靠沿路给人磨镜来赚取盘缠去参加黄琼的葬礼。②麟士织帘：南朝人沈麟士年少时家贫如洗，以织帘为生。③华歆：汉魏时期人。④叔子避嫌：春秋时期的颜叔子曾为了避嫌，让夜里来他家投宿的寡妇手持火烛，一根燃尽再换一根，直到天明。

盗知李涉[1]　虏惧仲淹[2]　尾生岂信[3]　仲子非廉[4]

【注释】①盗知李涉：唐代李涉的诗歌写得很好，连盗贼都知道他的诗名。②虏惧仲淹：范仲淹担任边防主帅时，积极防御守边，令敌人十分敬畏。③尾生岂信：尾生，战国时期人。他曾与一女子相约桥下，女子迟迟未来，河水暴涨，尾生为了守信，抱着桥柱苦苦等待，最后被淹死。④仲子非廉：仲子，指战国时期的陈仲子。他视兄长的丰厚俸禄为不义，因而离开家里且拒绝做官。孟子认为其行为不能称为廉洁。

由餐藜藿[1]　鬲贩鱼盐[2]　五湖范蠡[3]　三径陶潜[4]

【注释】①由餐藜藿：由，指孔子的弟子子路；藜藿，指野菜。②鬲贩鱼盐：胶鬲因商纣王昏庸无道而弃官从商，贩鱼卖盐。③五湖范蠡：范蠡协助越王勾践成功灭吴后，泛舟五湖，隐居民间。④三径陶潜：陶潜辞官后回故乡隐居，发现家中院子里的小路快要荒芜了。

徐邈通介[1]　崔郾宽严[2]　易操守剑[3]　归罪遗缣[4]

【注释】①徐邈通介：徐邈，东汉末年人。为人通达耿介。②崔郾宽严：崔郾，唐代人。他在任官时，能够根据当地实际情况来实施宽和或严格的政策。③易操守剑：东汉时期有一个人偷牛被抓，他后来去恶向善，曾在路上守着一把剑，等待失主来认领。④归罪遗缣：东汉名士陈寔说来他家盗窃的人是因为贫困才成为盗贼的，便送给盗贼两匹细绢，让他走了。

十五 咸

深情子野[1] 神识阮咸[2] 公孙白纻[3] 司马青衫[4]

【注释】①深情子野：东晋名士桓伊对音乐一往情深。②神识阮咸：东晋名士阮咸精通音律，曾指出荀勖订正的雅乐音调不准。③公孙白纻：春秋时期郑国大夫公孙侨曾将自己珍视的白纻衣送给与其一见如故的吴国使臣季札。④司马青衫：白居易任江州司马时，因听到琵琶女演奏的乐曲而感伤，眼泪把自己的青衫都打湿了。

狄梁被谮[1] 杨亿蒙谗[2] 布重一诺[3] 金慎三缄[4]

【注释】①狄梁被谮：曾有人诬告狄仁杰，狄仁杰却不在意这个人是谁。②杨亿蒙谗：北宋大臣杨亿曾被执政的大臣嫉恨，蒙受谗言。③布重一诺：西汉的季布为人重义守信。④金慎三缄：金，这里指铜人。孔子曾在后稷庙中看到一个嘴上贴了三道封条的铜人，铜人后背上有告诫人们谨慎说话的铭文。

彦升非少[1] 仲举不凡[2] 古人万亿[3] 不尽兹函[4]

【注释】①彦升非少：彦升，指南朝文学家任昉。任昉才德兼备，有人曾对他父亲说，像任昉这样的儿子，一百不为多，一个不算少。②仲举不凡：仲举，指东汉名士陈蕃。当地的官员薛勤曾称陈蕃的父亲有个不凡的儿子。③古人万亿：古人有很多，他们的事迹和故事不可胜数。④不尽兹函：兹函，这本书。这本书是记录不完的。

训蒙骈句

原文

上卷

yī dōng
一东

tiān zhuǎn běi rì shēng dōng dōng fēng dàn dàn xiǎo rì méng méng
天转北，日升东。东风淡淡，晓日蒙蒙。
yě qiáo shuāng zhèng huá jiāng lù xuě chū róng bào guó zhōng chén xīn bǐng
野桥霜正滑，江路雪初融。报国忠臣心秉
chì shāng chūn měi nǚ liǎn xiāo hóng mèng kē chéng rú zǎo jiè sān qiān cí
赤，伤春美女脸消红。孟轲成儒，早借三迁慈
mǔ lì zēng shēn dé dào zhōng yóu yí guàn shèng rén gōng
母力；曾参得道，终由一贯圣人功。

qīng shǔ diàn guǎng hán gōng shī tuī dù fǔ fù nǐ yáng xióng
清暑殿，广寒宫。诗推杜甫，赋拟扬雄。
rén qíng lěng nuǎn yì shì tài yán liáng tóng sī zhuì huái chóng piāo zhàng mù
人情冷暖异，世态炎凉同。丝坠槐虫飘帐幕，
zhú zhuāng huā dié hù fáng lóng gāo shì yóu lái jī chǐ yìn kāi tái jìng
竹庄花蝶护房栊。高士游来，屐齿印开苔径
lǜ zhuàng yuan guī qù mǎ tí tà pò xìng ní hóng
绿；状元归去，马蹄踏破杏泥红。

lóng quán jiàn niǎo háo gōng chūn nuó zhú yì shè jiǔ qí fēng dí
龙泉剑，乌号弓。春傩逐疫，社酒祈丰。笛
zòu lóng yín shuǐ xiāo chuī fèng xiào tóng jiāng miàn yú zhōu fú yí yè lóu tái
奏龙吟水，箫吹凤啸桐。江面渔舟浮一叶，楼台
qiáo gǔ bào sān tōng shí dāng wǔ gēng shù yǐn gǒng cháo tiān què wài lòu
谯鼓报三通。时当五更，庶尹拱朝天阙外；漏
guò bàn yè jǐ rén gē wǔ yuè míng zhōng
过半夜，几人歌舞月明中。

èr dōng

二 冬

jūn zǐ zhú dà fū sōng tōu xiāng fěn dié cǎi mì huáng fēng

君子竹，大夫松。偷香粉蝶，采蜜黄蜂。

fēng dìng hé xiāng xì rì gāo huā yǐng chóng dà yǔ lǐng tóu méi càn làn

风定荷香细，日高花影重。大庾岭头梅灿烂，

gū sū tái zú cǎo méng róng yuè mǎ yóu rén yuàn nèi guān huā kuā jǐng

姑苏台足草蒙茸。跃马游人，苑内观花夸景

měi cāo tún yě lǎo tián jiān bài shè zhù nián fēng

美；操豚野老，田间拜社祝年丰。

féng fù hǔ yè gōng lóng yú chén yàn yǎo yàn lǎn yīng yōng yī

冯妇虎，叶公龙。鱼沉雁杳，燕懒莺慵。依

yī hé pàn liǔ yù yù jiàn biān sōng tiān chéng làng yuàn sān qiān jiè yún

依河畔柳，郁郁涧边松。天成阆苑三千界，云

suǒ wū shān shí èr fēng sāo kè yóu guī shuāng xiù wēi zhān huā qì shī

锁巫山十二峰。骚客游归，双袖微沾花气湿；

yú láng diào bà yí zhōu xián xì liǔ yīn nóng

渔郎钓罢，一舟闲系柳阴浓。

cuī chūn niǎo zào qiū qióng guō róng kòu mǎ wèi xiàn shè hóng yù

催春鸟，噪秋蛩。郭荣叩马，卫献射鸿。玉

pán hóng lǚ rùn jīn wèng lǜ pēi nóng duì xuě shéi jiā yín liǔ xù pī

盘红缕润，金瓮绿醅浓。对雪谁家吟柳絮，披

fēng hé chù cǎi fú róng fāng mǎn chūn yuán hóng xìng yǒu yán qīng lù xǐ

风何处采芙蓉。芳满春园，红杏有颜清露洗；

yǔ guò qiū gǔ xuán guān wú suǒ bái yún fēng

雨过秋谷，玄关无锁白云封。

sān jiāng

三 江

huā yíng jiàn jiǔ mǎn gāng tuí yuán bài bì jìng jī míng chuāng

花盈槛，酒满缸。颓垣败壁，净几明窗。

lán kāi xiāng jiǔ wǎn fēng luò lěng wú jiāng shān lù fāng chén fēi àn àn
兰开香九畹，枫落冷吴江。山路芳尘飞黯黯，
shí qiáo liú shuǐ xiǎng cóng cóng tuì bǐ chéng qiū yòu jūn shū tū sān qiān
石桥流水响淙淙。退笔成邱，右军书秃三千
guǎn jiàn qí rù jìng ān shí mén pái shí liù shuāng
管；建旗入境，安石门排十六双。

zhēn yù jiǎ tī yín gāng qǐ fēng shí yàn fèi rì shān máng
斟玉斝，剔银釭。起风石燕，吠日山尨。
chūn rǎn qiān mén liǔ qiū lián wàn qǐng jiāng jiǔ lì néng jiāng chóu zhèn pò
春染千门柳，秋连万顷江。酒力能将愁阵破，
chá xiāng kě shǐ shuì mó xiáng běi yuàn chūn huí yí lù huā xiāng suí zhuó
茶香可使睡魔降。北苑春回，一路花香随着
jī xī hú shuǐ mǎn liù qiáo liǔ yǐng zhào fēi shuāng
屐；西湖水满，六桥柳影照飞艭。

chuī mù dí fàn yú shuāng yán líng zhēn yǐn jì xìn zhà xiáng
吹牧笛，泛渔艭。严陵真隐，纪信诈降。
dōng léi jīng wèi mǔ chūn shuǐ fàn xiāng jiāng tíng yuàn rì qíng huáng niǎo bìng
冬雷惊渭亩，春水泛湘江。庭院日晴黄鸟并，
jiāng hú làng kuò bái ōu shuāng shí bā pāi jiā cài yǎn yōu chuī yú běi
江湖浪阔白鸥双。十八拍笳，蔡琰悠吹于北
sài sān wǔ zhū liǔ táo qián xiào ào yú nán chuāng
塞；三五株柳，陶潜啸傲于南窗。

sì zhī
四支

méi pò ruǐ liǔ chuí sī hé xiāng shí lǐ mài suì liǎng qí bāo
梅破蕊，柳垂丝。荷香十里，麦穗两岐。剥
chéng xiāng tòu jiǎ cháng dào qì fān chí zǐ mò yóu rén yáo yù lè huà
橙香透甲，尝稻气翻匙。紫陌游人摇玉勒，画
táng jiǔ kè zuì jīn zhī yún suǒ wū shān mò hàn bǎo zī tiān wài bǐ chí
堂酒客醉金卮。云锁巫山，墨翰饱滋天外笔；池
hán liè xiù yù pán luàn bù shuǐ zhōng qí
涵列宿，玉盘乱布水中棋。

sān dū fù qī bù shī bān chāo tóu bǐ wáng zhì guān qí yuè
三都赋，七步诗。班超投笔，王质观棋。月
zhào fù chūn zhǔ léi hōng jiàn fú bēi dī liǔ tuō yān mí fěi cuì hǎi táng
照富春渚，雷轰荐福碑。堤柳拖烟迷翡翠，海棠
jīng yǔ shī yān zhī háo fù shí chóng yāo kè bù kōng jīn gǔ zhǎn fēng
经雨湿胭脂。豪富石崇，邀客不空金谷盏；风
liú shān jiǎn zhù jūn cháng zuì xí jiā chí
流山简，驻军常醉习家池。

gē dào wò dí héng chuī ruǎn jí qīng yǎn mǎ liáng bái méi yǔ
戈倒握，笛横吹。阮籍青眼，马良白眉。雨
lán liú shuǐ jí fēng dìng luò huā chí shuāi liǔ jīng fēng fēi bìng yè kū méi
阑流水急，风定落花迟。衰柳经风飞病叶，枯梅
dé yuè zhào hán zhī shì yì gāo rén xié juǎn yù lián tōng yàn zi táo qíng
得月照寒枝。适意高人，斜卷玉帘通燕子；陶情
xiá kè xián pāo jīn dàn dǎ yīng er
侠客，闲抛金弹打莺儿。

wǔ wēi
五　微

chéng chù chù diàn wēi wēi rèn lán chǔ kè qì zhú xiāng fēi kè
城矗矗，殿巍巍。纫兰楚客，泣竹湘妃。客
shāng nán pǔ cǎo rén cǎi běi shān wēi zhú sǔn shēng chéng qíng dài mào shí
伤南浦草，人采北山薇。竹笋生成擎玳瑁，石
liu bìng pò lù zhū jī néng yǔ néng yán yīng wǔ zhuàn yīn láo shé dǐ
榴并破露珠玑。能语能言，鹦鹉啭音劳舌底；
yǒu jīng yǒu wěi zhī zhū jié wǎng fèi xīn jī
有经有纬，蜘蛛结网费心机。

chuī nuǎn lǜ dǎo hán yī fēng fān cuì mù yuè zhào zhū wéi yè
吹暖律，捣寒衣。风翻翠幕，月照朱帏。夜
cháng gēng lòu yuǎn zhòu yǒng zhuàn xiāng wēi cūn xū quǎn yǐ jīng shuāng shòu
长更漏远，昼永篆香微。村墟犬已经霜瘦，
lí luò jī yīn zhuó sù féi bì zé lǎo wēng liǔ biān shí nì yóu yú zǒu
篱落鸡因啄粟肥。碧帻老翁，柳边时睨游鱼走；

xuě yī xiān nǚ huā dǐ cháng péi wǔ dié xī
雪衣仙女，花底长陪舞蝶嬉。

hóng wǎn xiàn lù zhāo xī hé qíng cuì gài liǔ tuō mián yī
虹晚现，露朝晞。荷擎翠盖，柳脱棉衣。
chuāng kuò shān chéng xiǎo lóu gāo yǔ xuě wēi lín zhōng bǎi niǎo tiáo yīng
窗阔山城小，楼高雨雪微。林中百鸟调莺
chàng yuè xià gū hóng dài yǐng fēi lǎo pǔ qiū gāo mǎn yuàn xiān huáng kāi
唱，月下孤鸿带影飞。老圃秋高，满院掀黄开
jú jìng fāng tíng chūn zǎo liǎng qí pū lù shàng chái fēi
菊径；芳庭春早，两歧铺绿上柴扉。

liù yú
六鱼

huā liǎn lù liǔ méi shū liǎng háng yàn zì yì zhǐ yú shū rì
花脸露，柳眉舒。两行雁字，一纸鱼书。日
qíng yàn yǔ huá tiān kuò yàn xíng shū nòng dí xiǎo ér héng kuà dú yín shī
晴燕语滑，天阔雁行疏。弄笛小儿横跨犊，吟诗
sāo kè dào qí lǘ xiè shì yōu rén zǐ yàn pú tao qiān rì jiǔ rù jīng
骚客倒骑驴。谢世幽人，紫艳葡萄千日酒；入京
cái zǐ bái téng huà xiá wàn yán shū
才子，白藤画匣万言书。

jū yǒu wū chū wú chē chéng zhōu fàn lǐ tí zhù xiàng rú
居有屋，出无车。乘舟范蠡，题柱相如。
dào huā lián lǒng mǔ wú yè mǎn jiē chú méi dàn suí fēng jīng guò niǎo yuè
稻花连陇亩，梧叶满阶除。梅弹随风惊过鸟，月
gōu chén shuǐ hài yóu yú zuì wò wèng páng fàng dá qíng huái bì lì bù
钩沉水骇游鱼。醉卧瓮旁，放达情怀毕吏部；
xíng yín zé pàn kū qiáo miàn sè chǔ sān lǘ
行吟泽畔，枯憔面色楚三闾。

yīng bó tù lù kuī yú lín xiū mào zhú dì zhòng jiā shū lán
鹰搏兔，鹭窥鱼。林修茂竹，地种嘉蔬。兰
fēng qīng zhěn diàn méi zhú rùn qín shū sēng shè hé rén chuī duǎn dí wáng
风清枕簟，梅竹润琴书。僧舍何人吹短笛，王

mén yǒu kè yè cháng jū　jiāng yàn yǐn chú　huā wài qiè fēng fēi fù luò
门有客曳长裾。江燕引雏，花外怯风飞复落；
shān yún hán yǔ　tiān biān bì rì juǎn hái shū
山云含雨，天边蔽日卷还舒。

qī　yú
七虞

jīn gǔ jǐng　wǎng chuān tú　shí zhōu sān dǎo　sì ào wǔ hú
金谷景，辋川图。十洲三岛，四澳五湖。
zhuàn xiāng fú bǎo dǐng　lòu jiàn xiǎng tóng hú　lǎo zhàng guàn yuán qīn bào
篆香浮宝鼎，漏箭响铜壶。老丈灌园亲抱
wèng　wén jūn mài jiǔ zì dāng lú　yù ràng bào chóu　tūn tàn qī shēn sī
瓮，文君卖酒自当垆。豫让报仇，吞炭漆身思
miè zhào　yuè wáng huái hèn　wò xīn cháng dǎn yù píng wú
灭赵；越王怀恨，卧薪尝胆欲平吴。

yún lǐ hè　rì zhōng wū　lái bīn yàn xù　bàng mǔ jī chú　yè
云里鹤，日中乌。来宾雁序，傍母鸡雏。夜
yuè qín sān nòng　chūn fēng jiǔ yì hú　jú zhǎn dài shuāng chéng suì yù　hé
月琴三弄，春风酒一壶。菊盏带霜盛碎玉，荷
pán fān lù xiè míng zhū　guān wài shù chén　liǎng bìn jīng shuāng jī yuǎn sài
盘翻露泻明珠。关外戍臣，两鬓经霜羁远塞；
jiāng gān yú fǔ　yì suō yān yǔ diào píng hú
江干渔父，一蓑烟雨钓平湖。

yún mǔ shí　shuǐ jīng zhū　lù jì huái jú　shǐ dān fú pú　ér
云母石，水晶珠。陆绩怀橘，史丹伏蒲。儿
tóng qí zhú mǎ　lǚ kè yì chún lú　yì shuǐ jìn hán fēi gé dòng　bǎi huā
童骑竹马，旅客忆莼鲈。一水尽含飞阁动，百花
bàn yìng gǔ chá kū　shù yǐn qū cháo　yù sǔn bān zhōng míng luán pèi　qún
半映古槎枯。庶尹趋朝，玉笋班中鸣鸾佩；群
jiāo xiù gé　shí liu huā xià dòu chū pú
娇绣阁，石榴花下斗樗蒲。

bā qí

八齐

jīn lǐ yuè yù cōng sī cháo yáng dān fèng bào xiǎo huáng jī
金鲤跃，玉骢嘶。朝阳丹凤，报晓黄鸡。
yè yuè niǎo máng huàn chūn fēng yīng luàn tí yuán zhōng xīn sǔn bàn chéng zhú
夜月鸟忙唤，春风莺乱啼。园中新笋半成竹，
lù shàng huā luò jìn diǎn ní mán liǔ mián dī xiǎo ruò yāo zhī zāo yǔ
路上花落尽点泥。蛮柳眠低，小弱腰肢遭雨
kǔ hǎi táng shuì qǐ fēng jiāo tǐ tài bèi chūn mí
苦；海棠睡起，丰娇体态被春迷。

qiāo pāi bǎn chàng tóng dī fù míng yīng wǔ shī yǒng fú yī xiá
敲拍扳，唱铜鞮。赋名鹦鹉，诗咏凫鹥。峡
yuán tí yè yuè cháo niǎo lüè chūn ní hé fù xǐ dé zhuāng zhōu huó liáng
猿啼夜月，巢鸟掠春泥。涸鲋喜得庄周活，良
mǎ xīn féng bó lè sī yān suǒ xī tóu píng shù lǜ yáng fú fěi cuì yuè
马欣逢伯乐嘶。烟锁溪头，平树绿杨浮翡翠；月
chén hǎi dǐ yì hóng qīng shuǐ yìng bō li
沉海底，一泓清水映玻璃。

tí fěn bì fù dān tī sāng má jiē rǎng táo lǐ chéng xī yú
题粉壁，附丹梯。桑麻接壤，桃李成蹊。渔
jiā shōu mù wǎng jūn lěi dòng xiāo pí yì qū yáng zǐ guī wā shì sān
家收暮网，军垒动宵鼙。一呕扬子归蛙室，三
xiào yuān míng guò hǔ xī suì mèng yōu yáng luàn zhú luò huā fēi shàng xià
笑渊明过虎溪。碎梦悠扬，乱逐落花飞上下；
xián hún piāo bó zhí suí liú shuǐ rào dōng xī
闲魂飘泊，直随流水绕东西。

jiǔ jiā

九佳

méng bái dié guǒ qīng xié léi hōng tiān dì fēng sǎo wù mái pú
蒙白氎，裹青鞋。雷轰天地，风扫雾霾。葡

tao lái hàn yuàn míng jiá shēng yáo jiē hán chóu bān nǚ tí wán shàn xíng
萄来汉苑，蓂荚生尧阶。含愁班女题纨扇，行
lè wáng wéi fù lù zhài dì lǐ fán huá xiàng mǎn yīng huā tiān jǐn lù
乐王维赴鹿柴。帝里繁华，巷满莺花添锦路；
xiān jiā jìng jì yún chuān qiú shù suǒ dān yá
仙家静寂，云穿虬树锁丹崖。

wū xī dài bái yù chāi jīn zhāng pú shòu bù wà máng xié
乌犀带，白玉钗。金章璞绶，布袜芒鞋。
guì huā piāo hù yǒu liǔ yǐng shàng tíng jiē huā jiǔ yì yuán gōng yàn lè
桂花飘户牖，柳影上庭阶。花酒一园供宴乐，
yún shān qiān lǐ chēng yín huái yuè dào tiān xīn yuǎn jìn lóu tái jūn zhào
云山千里称吟怀。月到天心，远近楼台均照
yào xuě duī shān dǐng gāo dī xī lù jìn zhuāng mái
耀；雪堆山顶，高低蹊路尽庄埋。

yún zhú jǐn shuǐ sōng pái chá chōu bèi lěi jiǔ shú máo chái yīng
云竹锦，水松牌。茶抽蓓蕾，酒熟茅柴。莺
suō suí liǔ zhī yàn zì dié yún pái xiù lǐ fēng guāng xún zhú jìng jīn
梭随柳织，雁字叠云排。袖里风光循竹径，襟
qián yǔ yì zhào lán jiē fēng guā cháng tú juǎn qǐ fāng chén mí dào lù
前雨意罩兰阶。风刮长途，卷起芳尘迷道路；
xuě róng wū xiá tiān lái xīn shuǐ mǎn jiāng huái
雪融巫峡，添来新水满江淮。

shí huī
十灰

xún wǔ yuè wàng sān tái lǜ chéng shì sǒu hóng yè wéi méi
巡五岳，望三台。绿橙是叟，红叶为媒。
hán shēn yín sù qǐ zuì zhòng yù shān tuí shù miǎo fēng tíng shēng wèi xī
寒深银粟起，醉重玉山颓。树杪风停声未息，
huā shāo yuè shàng yǐng chéng duī lí xià jú kāi táo lìng duì huā shí yī
花梢月上影成堆。篱下菊开，陶令对花时一
zuì tíng qián zǎo shú dù líng shàng shù rì qiān huí
醉；庭前枣熟，杜陵上树日千回。

péi wǎn jú tàn hán méi chū qiáng hóng xìng jiā dào lǜ huái zhū
培晚菊，探寒梅。出墙红杏，夹道绿槐。朱
chén lián qī dǎng liú ruǎn dào tiān tāi jiě dòng nuǎn fēng yī bìng cǎo jí
陈联戚党，刘阮到天台。解冻暖风医病草，及
shí gān yǔ rùn kū gāi fēng cǎi cài huā jiǎo dài huáng jīn fēi bù qǐ
时甘雨润枯荄。蜂采菜花，脚带黄金飞不起；
què zhēng méi ruǐ kǒu xián bái yù jiào nán kāi
雀争梅蕊，口衔白玉叫难开。

zāi wǔ liǔ zhí sān huái xián guǒ qīng ruò kě wàng lǜ méi jī
栽五柳，植三槐。咸裹青箬，渴望绿梅。齑
chéng láo duō cuì shī jiù zuò qiāo tuī zhuō yuè sāo rén líng bō làng chéng
成劳咄啐，诗就作敲推。捉月骚人凌波浪，乘
yún xiān zǐ shàng péng lái dēng diǎn mù yóu hóng rì guāng zhōng xiāo dòng
云仙子上蓬莱。灯点木油，红日光中消冻
xuě gōng tán mián xù bái yún duī lǐ xiǎng qíng léi
雪；弓弹棉絮，白云堆里响晴雷。

shí yī zhēn
十一 真

wú mèng zǐ chǔ chūn shēn chūn fēng tài dù qiū shuǐ jīng shén
吴孟子，楚春申。春风态度，秋水精神。
chuāng mù lǒng shā zhǐ lú tóu dào gé jīn wú zhá duō qíng céng guà jiàn
窗目笼纱纸，炉头倒葛巾。吴札多情曾挂剑，
zhāng gāng yǒu zhì dú mái lún gōng zǐ zhāo gē tán bǎn huǎn cuī jīn lǚ
张纲有志独埋轮。公子朝歌，檀板缓催金缕
qǔ wáng sūn yè yǐn sī tāo cháng xì yù hú chūn
曲；王孙夜饮，丝绦长系玉壶春。

jīn kǒng què yù xiáng lín huì gū zào wǎn dàn jué míng chūn bì
金孔雀，玉祥麟。蟪蛄噪晚，鴠鴂鸣春。壁
qióng jīng yuàn fù cūn quǎn fèi xíng rén yú chàng yōu yōu qīng shuǐ chè qiáo
蛩惊怨妇，村犬吠行人。渔唱悠悠清水澈，樵
gē yǎo yǎo bì tái xīn qiū sè xiāo tiáo wàn shù diāo líng shān shòu xuē chūn
歌杳杳碧苔新。秋色萧条，万树凋零山瘦削；春

qíng dàn dàng　bǎi huā zhuāng diǎn cǎo jīng shén
情淡荡，百花妆点草精神。

jiāng jūn mào　jìn shì jīn　kǒng mén shí zhé　yīn shì sān rén　dú
将军帽，进士巾。孔门十哲，殷室三仁。读
shū tàn shèng dào　shì jiǔ lù tiān zhēn　xì shuǐ yóu yú yíng guò kè　gé
书探圣道，嗜酒露天真。戏水游鱼萦过客，隔
huā tí niǎo huàn xíng rén　luò dì yáng huā　luàn zhú dōng fēng suí mǎ zú　xiān
花啼鸟唤行人。落地杨花，乱逐东风随马足；掀
tiān táo làng　huǎn chéng chūn yǔ huà lóng lín
天桃浪，缓乘春雨化龙麟。

shí èr wén

十二文

chá yǐ shú　jiǔ chū xūn　xī táng mèng cǎo　nán jiàn cǎi qín　làn
茶已熟，酒初醺。西堂梦草，南涧采芹。烂
xiá chéng wǔ sè　ruì xuě jī sān fēn　zǐ měi shī chéng néng qì guǐ　xiàng
霞成五色，瑞雪积三分。子美诗成能泣鬼，相
rú fù jiù zì chāo qún　tān zuì qīng lián　cǎi shí jī tóu lāo hào yuè　sī
如赋就自超群。贪醉青莲，采石矶头捞皓月；思
qīn rén jié　tài háng shān dǐng wàng gū yún
亲仁杰，太行山顶望孤云。

xú rú zǐ　xìn líng jūn　wén zhāng tài shǒu　tāo lüè jiāng jūn　tà
徐孺子，信陵君。文章太守，韬略将军。踏
shān xún miào yào　chú dì zhòng xiāng yún　dēng jìn bù tiǎo chuí àn ruǐ　lú
山寻妙药，锄地种香芸。灯尽不挑垂暗蕊，炉
huī chóng bō shàng yú xūn　jīn diàn zhòu cháng　yǐn yǐn lòu hú huā wài
灰重拨尚余薰。金殿昼长，隐隐漏壶花外
zhuǎn　jǐn jiāng yè jìng　yōu yōu yú dí yuè zhōng wén
转；锦江夜静，悠悠渔笛月中闻。

wū xiá yuè　chǔ xiù yún　dēng guāng càn làn　jiǔ qì yīn yūn　fēng
巫峡月，楚岫云。灯光灿烂，酒气氤氲。蜂
qū hóng xìng ruǐ　hè tà bì tái wén　qīng lù lín chén liáng sì xǐ　huǒ yún
趋红杏蕊，鹤踏碧苔纹。清露临晨凉似洗，火云

dāng wǔ rè rú fén qíng zhòng zhì jiān yuān gé fǔ yī hán liè fù cái
当午热如焚。情重志坚，鸳阁腐衣韩烈妇；才
gāo xìng fā lóng shān luò mào mèng cān jūn
高兴发，龙山落帽孟参军。

shí sān yuán
十三元

táo yè dù xìng huā cūn xián lú zhēng yàn jiē jiàn lǎo yuán xiǎo
桃叶渡，杏花村。衔芦征雁，接箭老猿。晓
jìng niú yáng jiàn qíng yán yàn què xuān shuǐ tǎ jì yú zhī bào běn shān wū
径牛羊践，晴檐燕雀暄。水獭祭鱼知报本，山乌
bǔ mǔ bú wàng ēn yè zhàng gāo rén yuán jú jìng biān xún gù jiù hè
哺母不忘恩。曳杖高人，园菊径边寻故旧；荷
chú yě lǎo hǎi táng huā xià xì ér sūn
锄野老，海棠花下戏儿孙。

bì jī miào jīn mǎ mén jīn bēi yù dǒu lóng sháo xī zūn qìng
碧鸡庙，金马门。金杯玉斗，龙勺牺樽。庆
yún tuō yù diàn gān lù dī tóng pén bì hù yuán ān gān wò xuě xià wéi
云拖玉殿，甘露滴铜盆。闭户袁安甘卧雪，下帷
dǒng zǐ bù kuī yuán lián fàn lín mín cí huì qún gē lái hé mù yú gōng
董子不窥园。廉范临民，慈惠群歌来何暮；于公
zhì yù qīng qín gòng xiàn sǐ wú yuān
治狱，清勤共羡死无冤。

yā jù zhèn è fēi qiān huà lóng pò bì ài hè chéng xuān shū
鸦聚阵，鹗飞骞。画龙破壁，爱鹤乘轩。疏
quán liú dì mài yí shí dòng yún gēn sháo yào gē hóng fān gǔ qì bì
泉流地脉，移石动云根。芍药歌红翻古砌，薜
luó xíng lǜ shàng tuí yuán qiū lěng wú jiāng qīng fēng yè luò piāo qián zhǔ
萝行绿上颓垣。秋冷吴江，青枫叶落飘前渚；
rì xié péng zé bái liǎo huā fēi guò yuǎn cūn
日斜彭泽，白蓼花飞过远村。

shí sì hán

十四 寒

pú kuí shàn zhú tuò guān jīng qí shǎn shǎn huán pèi shān shān
蒲葵扇，竹箨冠。旌旗闪闪，环佩珊珊。
yān huā pān yuè xiàn yè yuè yán líng tān yī mèi zhàng fēng jīn lǚ xì
烟花潘岳县，夜月严陵滩。衣袂障风金缕细，
jiàn fēng héng xuě yù qiào hán liǔ xù yīn fēng shù diǎn pín nián yín fá yuè
剑锋横雪玉鞘寒。柳絮因风，数点频黏银伐阅；
lí huā dài yǔ yí zhī xié yǐ yù lán gān
梨花带雨，一枝斜倚玉阑干。

shāo shòu tàn pēng lóng tuán mèng zōng kū zhú yàn jí mèng lán
烧兽炭，烹龙团。孟宗哭竹，燕姞梦兰。
sōng kū zāo yǔ kǔ huā shòu pà fēng hán biàn lǐ yuè gōng cí chāng chù
松枯遭雨苦，花瘦怕风寒。辨礼阅公辞昌歜，
chěng wēi jiè zǐ zhǎn lóu lán zòng chǐ wáng sūn cháng xiàng huā qián hān měi
逞威介子斩楼兰。纵侈王孙，长向花前酣美
jiǔ bì xián jūn zǐ bù cóng lǐ xià zhěng wēi guān
酒；避嫌君子，不从李下整危冠。

huī yù lè kuà jīn ān fàn zēng zhuàng dǒu gòng yǔ tán guān
挥玉勒，跨金鞍。范增撞斗，贡禹弹冠。
qín xián tán bié hè jìng xiá yǎn gū luán bīng pàn chǔ jiāng zhōu jǔ yì chén
琴弦弹别鹤，镜匣掩孤鸾。冰泮楚江舟举易，尘
méng shǔ dào kè xíng nán dà dì yáng huí shū qì cuī méi chuán xìn xī
蒙蜀道客行难。大地阳回，淑气催梅传信息；
cháng tiān zhòu yǒng hǎo fēng qiāo zhú bào píng ān
长天昼永，好风敲竹报平安。

shí wǔ shān

十五 删

shān dié dié shuǐ chán chán zhū huán hé pǔ yù chū kūn shān míng
山叠叠，水潺潺。珠还合浦，玉出昆山。明

xīng qiān diǎn càn xīn yuè yì gōu wān yè yǐn zhǔ bīn lián chán zuò zǎo cháo
星千点灿，新月一钩弯。夜饮主宾联蝉座，早朝
wén wǔ liè yuān bān chǔ jiù chéng yīng yì lì gū ér cún zhào zuò pèi
文武列鸳班。杵臼程婴，义立孤儿存赵祚；沛
gōng xiàng yǔ jì móu rú zǐ duó qín guān
公项羽，计谋孺子夺秦关。

shé bào zhǔ què xián huán hǔ tóu yàn hàn hè fà lóng yán shuǐ
蛇报主，雀衔环。虎头燕颔，鹤发龙颜。水
liú fēn yàn wěi shān xiù yōng luó huán liáng dì jiǎng jīng tóng tài sì yán
流分燕尾，山秀拥螺鬟。梁帝讲经同泰寺，严
guāng chuí diào fù chūn shān fǎn bǔ cí wū yè yuè zhī tóu tí yā yā
光垂钓富春山。返哺慈乌，夜月枝头啼哑哑；
qiān qiáo hǎo niǎo chūn fēng huā dǐ yǔ guān guān
迁乔好鸟，春风花底语关关。

tóng hú gé yù mén guān nào zhōng qǔ jìng máng lǐ tōu xián
铜壶阁，玉门关。闹中取静，忙里偷闲。
yì chuān wū xiá shuǐ jiǔ qū wǔ yí shān duān shí yàn shēng qú yù yǎn
一川巫峡水，九曲武夷山。端石砚生鸲鹆眼，
bó shān lú qǐ zhè gū bān bì shì dào rén yǐn lù cān xiá xiāo sú tài
博山炉起鹧鸪斑。避世道人，饮露餐霞消俗态；
qīng chéng měi nǚ níng zhī mǒ fěn chū jiāo yán
倾城美女，凝脂抹粉出娇颜。

下卷

yī xiān
一 先

qīng lěng jié yàn yáng tiān zūn qián gē wǔ huā lǐ guǎn xián gāo
清冷节，艳阳天。樽前歌舞，花里管弦。高
sōng qī ruì hè bìng liǔ yè hán chán chù chù bō yāng méi wù yǔ jiā jiā
松栖瑞鹤，病柳咽寒蝉。处处播秧梅坞雨，家家
sāo cán zhú lí yān qiū sè fāng shēng féi shuǐ fēng shuāng bēi lì hè chūn
缫蚕竹篱烟。秋色方升，淝水风霜悲唳鹤；春

fēng yù mù shǔ shān huā mù yuàn tí juān
风欲暮，蜀山花木怨啼鹃。

hóng xìng yǔ lǜ yáng yān tíng huā yí mèng jìn liǔ sān mián
红杏雨，绿杨烟。庭花一梦，禁柳三眠。
yàn lěng bīng tuán jié lián shū yuè yǐng chuān yǐn shì bù huāng sān jìng jú
砚冷冰团结，帘疏月影穿。隐士不荒三径菊，
měi rén cháng cǎi yì xī lián áo zhàn jiāng jūn yí dào jiǎ guāng xián xuě
美人常采一溪莲。鏖战将军，一道甲光衔雪
liàng kǎi gē shì zú qiān qún mǎ sè jié yún xiān
亮；凯歌士卒，千群马色截云鲜。

jūn chén yào zǐ mǔ qián kè fú zhì guǐ zhù dǐng shēng xiān zhú
君臣药，子母钱。刻符制鬼，铸鼎升仙。烛
nú rán bào suǐ jiàn kè wǔ lóng quán zhú sǔn shuāng shēng zhì dú jiǎo jué
奴燃豹髓，剑客舞龙泉。竹笋双生稚犊角，蕨
yá tū chū xiǎo ér quán zhěn shàng huái rén mèng duàn hái sī qīng guó sè
芽突出小儿拳。枕上怀人，梦断还思倾国色；
tíng qián jiàn kè jiǔ lán gèng zèng rào cháo biān
庭前饯客，酒阑更赠绕朝鞭。

èr xiāo
二 萧

hóng sháo yào lǜ bā jiāo xìng huā rǎn rǎn fēng yè xiāo xiāo yún
红芍药，绿芭蕉。杏花冉冉，枫叶萧萧。云
kāi shān jiàn miàn xuě huà zhú shēn yāo wǔ shì zhàn zhēng pī tiě jiǎ měi
开山见面，雪化竹伸腰。武士战争披铁甲，美
rén gē wǔ duò jīn qiào huái gǔ bú wàng qǐ zài tāng pán bìng zhōu dǐng dú
人歌舞堕金翘。怀古不忘，岂在汤盘并周鼎；读
shū zuì lè hé fēn zēng sè yǔ yán piáo
书最乐，何分曾瑟与颜瓢。

cái shòu jǐn jiǎn jiāo xiāo gēng yún yě lǎo wò xuě shān liáo zhū
裁兽锦，剪鲛绡。耕云野老，卧雪山寮。珠
lián zhòu bàn juǎn yín zhú yè gāo shāo chí zhòu wū zhuī néng zhì yuǎn mín
帘昼半卷，银烛夜高烧。驰骤乌骓能致远，缗

mán huáng niǎo shí qiān qiáo xué shì cān chán zuò nèi hé dāng liú yù dài
蛮黄鸟识迁乔。学士参禅，座内合当留玉带；
zhé xiān ài yǐn zūn qián bù xī jiě jīn diāo
谪仙爱饮，樽前不惜解金貂。

chéng wǔ mǎ guàn shuāng diāo xián kàn jì wǔ xì tīng tóng yáo
乘五马，贯双雕。闲看妓舞，细听童谣。
zhuāng guī shān kè jié dù yǐ zhú biān qiáo chuān huā bái dié shuāng fēi
庄龟山刻节，渡蚁竹编桥。穿花白蝶双飞
jí cáng yè huáng lí bǎi zhuàn jiāo rì lì yuàn lín diǎn diǎn méi zhuāng
急，藏叶黄鹂百啭娇。日丽苑林，点点梅妆
sòng zhǔ é fēng yáng gōng yuàn xiān xiān liǔ wǔ chǔ é yāo
宋主额；风扬宫院，纤纤柳舞楚娥腰。

sān yáo
三　肴

xián bó yì xǐ huī cháo tài gōng wèi shuǐ yī yǐn shēn jiāo kuí
闲博弈，喜诙嘲。太公渭水，伊尹莘郊。葵
kāi xīng xuè rǎn sǔn chū hǔ pí bāo jiē xià tái shēng zhē yǐ xué xī
开猩血染，笋出虎皮包。阶下苔生遮蚁穴，溪
biān liǔ fā bì yīng cháo cái zǐ xī yóu dùn jué huā xiāng suí mǎ zú yù
边柳发蔽莺巢。才子嬉游，顿觉花香随马足；玉
rén gē wǔ bù zhī yuè yǐng zhuǎn huā shāo
人歌舞，不知月影转花梢。

fēi yǔ xí xù luán jiāo lín liú sù niǎo yuān fā qián jiāo xún
飞羽檄，续鸾胶。林留宿鸟，渊发潜蛟。寻
fāng lái qū jìng shí cuì dào píng jiāo chàng chè bù jiāng shī bǎn jī zuì
芳来曲径，拾翠到平郊。唱彻不将诗板击，醉
lái hái bǎ jiǔ hú qiāo chūn nuǎn ní róng yàn yǔ fēng guāng fú cǎo jì
来还把酒壶敲。春暖泥融，燕语风光浮草际；
yè qīng yún sàn juān tí yuè sè yìng huā shāo
夜清云散，鹃啼月色映花梢。

tiāo yě cài jiàn shān yáo zhù tái lěi tǔ jié wū zhū máo hè
挑野菜，荐山肴。筑台垒土，结屋诛茅。鹤

suí jī gòng lì jiū yǔ què zhēng cháo yùn jì jūn chén yú dé shuǐ jiāo
随鸡共立，鸠与鹊争巢。运际君臣鱼得水，交
shēn péng yǒu qī tóu jiāo gōng kǔ shū láng bù gǎn guāng yīn róng yì zhì
深朋友漆投胶。攻苦书郎，不敢光阴容易掷；
nài qín xiù nǚ màn jiāng chūn sè děng xián pāo
耐勤绣女，漫将春色等闲抛。

sì háo
四 豪

cháng jiǔ zhài zòng shī háo pēng chá chuò shū zhěn qū jiè zāo
偿酒债，纵诗豪。烹茶啜菽，枕曲藉糟。
lí fāng hóng mù jǐn jià niǎo zǐ pú tao yuǎn zhàng yǔ yú lán qì zhòng
篱芳红木槿，架袅紫葡萄。远障雨余岚气重，
bàn tiān yún jìng yuè lún gāo qióng rù cán qiū zhòu gé xiāng xié chuī yǐn
半天云净月轮高。蛩入残秋，昼阁相偕吹蚓
dí jī míng bàn yè hán guān céng dù qiè hú páo
笛；鸡鸣半夜，函关曾度窃狐袍。

chūn niǎo chàng wǎn chán cáo bàng lián fēi què shēng mù jiāo náo
春鸟唱，晚蝉嘈。傍帘飞雀，升木教猱。
chén fēn zhān mǎ zú fēng lì gǔ hóng máo shàng biǎo chén qíng chuán lǐ mì
尘氛沾马足，风力鼓鸿毛。上表陈情传李密，
tóu shī miǎn yì shuō rén tāo luó jì qīng nóng yě wài wǎn shān chuí wàn
投诗免役说任涛。螺髻青浓，野外晚山垂万
rèn yā tóu lǜ nì xī zhōng chūn shuǐ zhǎng sān gāo
仞；鸭头绿腻，溪中春水长三篙。

chéng bǎo mǎ chè jīn áo jiǔ gōng bā guà sān lüè liù tāo lǒng
乘宝马，掣金鳌。九宫八卦，三略六韬。笼
é wáng yì shào xiàng mǎ jiǔ fāng gāo chuāng xià yuán qín tán gǔ diào zūn
鹅王逸少，相马九方皋。窗下援琴弹古调，樽
qián jiǎn zhú dú lí sāo bà guān qíng xián táo shì mén qián zāi wǔ liǔ chú
前剪烛读离骚。罢官情闲，陶氏门前栽五柳；除
shì jì miào qí gōng tíng nèi cì shuāng táo
士计妙，齐公庭内赐双桃。

wǔ gē

五 歌

léi pī lì yǔ pāng tuó chuān tái zhú sǔn chán shù téng luó

雷霹雳，雨滂沱。穿苔竹笋，缠树藤萝。

liǎng shān pái cuì tà yì shuǐ dài qīng luó zhū wǎng guà yán jīng guò què

两山排翠闼，一水带青罗。蛛网挂檐惊过雀，

yíng dēng zhào hù wù fēi é yǔ guò chí táng dào chù qīng wā míng bì cǎo

萤灯照户误飞蛾。雨过池塘，到处青蛙鸣碧草；

qíng kàn bēi zé yǒu shí bái niǎo yù hóng hé

晴看陂泽，有时白鸟浴红荷。

gē wǎn zhuǎn yǔ pó suō qián kūn zhuàn gǔ rì yuè fēi suō

歌婉转，语婆娑。乾坤转毂，日月飞梭。

cūn tóng xié cǎo lì xī sǒu shài yú suō xū jiǎ zèng páo lián fàn shū xiàng

村童携草笠，溪叟晒渔蓑。须贾赠袍怜范叔，相

rú yǐn jià bì lián pō yě sì rì gāo wú shì lǎo sēng mián zhèng wěn

如引驾避廉颇。野寺日高，无事老僧眠正稳；

chí tíng yuè shàng qiǎn huái sāo kè yǒng piān duō

池亭月上，遣怀骚客咏偏多。

cái xì gé jiǎn xiāng luó xián zhōng xiào ào zuì lǐ yín é yě

裁细葛，剪香罗。闲中啸傲，醉里吟哦。野

yún guī wǎn xiù jiāng yuè gǔn qiū bō shān lǐng yún héng zhuāng fèng jì shā

云归晚岫，江月滚秋波。山岭云横庄凤髻，沙

dī yǔ dī lù fēng wō qiáo zǐ cǎi xiān shù yōng sōng lín rú yù huó yú

堤雨滴露蜂窝。樵子采鲜，树拥松鳞如欲活；渔

láng zhào yǐng jiāng fú líng jìng bù xū mó

郎照影，江浮菱镜不须磨。

liù má

六 麻

liáng shàng yàn jǐng zhōng wā shǒu zhū dài tù dǎ cǎo jīng shé

梁上燕，井中蛙。守株待兔，打草惊蛇。

duàn yuán háo jué hè guī yàn luò píng shā yán qián zhū wǎng kāi sān miàn

断猿号绝壑，归雁落平沙。檐前蛛网开三面，

hù wài fēng fáng liè liǎng yá jiā dào gǔ huái shèng fàng wǔ yīn zhē kè

户外蜂房列两衙。夹道古槐，剩放午阴遮客

lù chuān lí xīn sǔn luàn fēn chūn yì liáo rén jiā

路；穿篱新笋，乱分春意撩人家。

chá zhàn ruǐ cǎo méng yá bàng huā suí liǔ chén lǐ fú guā

茶绽蕊，草萌芽。傍花随柳，沉李浮瓜。

shān rén mù yù lì yě lǎo zhòng sāng má zé měng yú láng gē ǎi nǎi

山人牧芋栗，野老种桑麻。舴艋渔郎歌欸乃，

qiū qiān xiù nǚ xiào xuān huá chūn qù rú hé yǐ jiàn fēi cán dī liǔ xù

秋千绣女笑喧哗。春去如何，已见飞残堤柳絮；

yè lái duō shǎo bù zhī kāi biàn hǎi táng huā

夜来多少，不知开遍海棠花。

nián jiǎo shǔ fàn hú má pī fēng dài yuè yǐn lù cān xiá shí

黏角黍，饭胡麻。披风戴月，饮露餐霞。时

zhuó xīn fēng jiǔ chū cháng yáng xiàn chá zhū lǚ sān qiān guāng cuò luò jīn

酌新丰酒，初尝阳羡茶。珠履三千光错落，金

chāi shí èr yǐng qī xié zhū gě xíng jūn luò luò lún qián huī yǔ shàn zhāo

钗十二影欹斜。诸葛行军，落落轮前挥羽扇；昭

jūn chū sài hū hū mǎ shàng bō pí pa

君出塞，忽忽马上拨琵琶。

qī yáng

七阳

huáng jīn diàn bái yù táng zhū lóu xiù gé huà dòng diāo liáng yù

黄金殿，白玉堂。朱楼绣阁，画栋雕梁。玉

qín héng jìng jī zhēn diàn zhǎn fāng chuáng méi bì zhèng yíng jiāng àn yǔ jú

琴横净几，珍簟展方床。梅碧正迎江岸雨，橘

huáng xū jiè dòng tíng shuāng yì mài shān rén jǐn shù huáng yún qīng mǎn

黄须借洞庭霜。刈麦山人，紧束黄云青满

dàn chā yāng yě lǎo xì fēn chūn yǔ lǜ chéng háng

担；插秧野老，细分春雨绿成行。

kāi zǔ zhàng jù hú chuáng tán sī pǐn zhú quàn jiǔ chēng shāng

开祖帐，踞胡床。弹丝品竹，劝酒称觞。

qiáo gē lái lǜ yě yú dí qǐ cāng làng huàn yǔ bān jiū hóu shé lěng sù

樵歌来绿野，渔笛起沧浪。唤雨斑鸠喉舌冷，宿

huā jiá dié mèng hún xiāng tiān zhào chū chuán xiān nǚ jǐn yī chí hǔ jié

花蛱蝶梦魂香。天诏初传，仙女锦衣持虎节；

dà bīng wèi chū jiāng jūn xiù gǔn yā lóng xiāng

大兵未出，将军绣衮压龙骧。

lín yìng ruì fèng chéng xiáng fú zhēng zhòu yè yàn miǎo yán liáng

麟应瑞，凤呈祥。蝠争昼夜，燕渺炎凉。

yè yuè wú tóng yuàn chūn fēng táo lǐ qiáng miǎo miǎo xī liú fēn yàn wěi

夜月梧桐院，春风桃李墙。淼淼溪流分燕尾，

tiáo tiáo shān lù rào yáng cháng táng mù xìng tān kù nèi qīng qián huà zuò

迢迢山路绕羊肠。唐穆性贪，库内青钱化作

dié chū píng shù miào shān zhōng bái shí biàn chéng yáng

蝶；初平术妙，山中白石变成羊。

bā gēng 八庚

xiá sàn qǐ xuě fēi qióng hóng xiāo yǔ jì dǒu zhuǎn xīng héng

霞散绮，雪飞琼。虹消雨霁，斗转星横。

yuè yí huā gǎi yǐng fēng dòng zhú shēng shēng lǐng wài yún xiá huā xià yuè

月移花改影，风动竹生声。岭外云霞花下月，

hú biān yān yǔ liǔ shāo qíng yáng gǔ rì huá yí fèng yǔ máo xīn càn làn

湖边烟雨柳梢晴。旸谷日华，仪凤羽毛新灿烂；

dòng tíng làng nuǎn huà lóng tóu jiǎo dú zhēng róng

洞庭浪暖，化龙头角独峥嵘。

zhān fèng ǒu jié ōu méng kāi lǒng fàng hè kuà hǎi zhǎn jīng liú

占凤偶，结鸥盟。开笼放鹤，跨海斩鲸。刘

líng chéng jiǔ pǐ lǐ bái shàn cái míng yuè míng hé chù yī zhēn xiǎng fēng

伶成酒癖，李白擅才名。月明何处衣砧响，风

xì shéi jiā yù dí héng yuán bǐ mí héng jiāng xià cái chéng yīng wǔ fù

细谁家玉笛横。援笔祢衡，江夏裁成鹦鹉赋；

chuī xiāo nòng yù dí lóu qiǎo zuò fèng huáng shēng
吹箫弄玉，笛楼巧作凤凰声。

chuī mài fàn yì chún gēng sōu cháng míng yè shì kǒu xiāng jīng
炊麦饭，忆莼羹。搜肠茗叶，适口香粳。
tí niǎo jīng chūn mèng míng jī cù xiǎo xíng mèng cháng mén xià sān qiān kè
啼鸟惊春梦，鸣鸡促晓行。孟尝门下三千客，
xiǎo fàn xiōng zhōng bǎi wàn bīng wéi gù liáng yuán lǚ shè yīn qín féng yuè
小范胸中百万兵。韦固良缘，旅舍殷勤逢月
lǎo péi háng jiā jì lán qiáo xiè hòu yù yún yīng
老；裴航佳偶，蓝桥邂逅遇云英。

jiǔ qīng
九 青

xuān zǐ zhào bài huáng tíng fú fēi běi què hóng tuán nán míng
宣紫诏，拜黄庭。凫飞北阙，鸿抟南溟。
pán táo qiān suì shú dān guì jiǔ qiū xīn yè zhàng xún sēng lái gǔ sì
蟠桃千岁熟，丹桂九秋馨。曳杖寻僧来古寺，
tí hú jiàn kè dào cháng tíng shuǐ miàn yóu yú chōng sàn fú píng qiān diǎn
提壶饯客到长亭。水面游鱼，冲散浮萍千点
lǜ gǎng tóu guò mǎ tà kāi fāng cǎo yì hén qīng
绿；岗头过马，踏开芳草一痕青。

guān jì jià yàn yáo míng zhuāng zhōu mèng dié chē yìn náng yíng
观稷稼，验尧蓂。庄周梦蝶，车胤囊萤。
shuǐ làng fēng fān bái shān xiǎn yǔ lüè qīng hàn shuǐ yǔ yú guī yè wěi huà
水浪风翻白，山藓雨掠青。汉水雨余龟曳尾，华
shān yuè lěng hè shū líng lǔ yáng dǎo gē bó mù zhǐ huí sān shè rì yú
山月冷鹤梳翎。鲁阳倒戈，薄暮指回三舍日；渔
fǔ fàn zhào qīng xiāo yáo dòng yì hú xīng
父泛棹，清宵摇动一湖星。

qiān qǐng dào yì chí píng lù dòng shí rǔ fēng zhuàng huā líng
千顷稻，一池萍。露冻石乳，风撞花铃。
shān suí fān yǐng zhuǎn shuǐ bèi shí jī tíng yún mí shí dòng huā méi bì
山随帆影转，水被石矶停。云迷石洞花眉碧，

rì shài jīn chéng liǔ yǎn qīng huàn yǒu huáng lí shēng zhú nuǎn fēng piāo yuàn
日晒金城柳眼青。唤友黄鹂，声逐暖风飘院
luò shī qún wū yàn yǐng suí hán yuè xià jiāng tīng
落；失群乌雁，影随寒月下江汀。

shí zhēng
十 蒸

shuāng lǐn liè rì yán zhēng jīn wū xī zhuì yù tù dōng shēng
霜凛冽，日炎蒸。金乌西坠，玉兔东升。
tán qīng lǎo shuǐ jìn shān zǐ suì huā níng lín quán ǒu zuò kān liú kè zhú
潭清潦水尽，山紫碎花凝。林泉偶座堪留客，竹
yuàn xiāng féng què huà sēng sū shì shén chí qū tuó fù chuáng tóu xiá shǔ
院相逢却话僧。苏轼神驰，祛橐附床投黠鼠；
wáng sī xīn jí tíng háo bá jiàn zhuī fēi yíng
王思心急，停毫拔剑追飞蝇。

cái shǔ jǐn zhī wú líng rú chuán yí guàn shì wù sān chéng
裁蜀锦，织吴绫。儒传一贯，释悟三乘。
yuè diàn líng kōng rù yún tī zhú bù dēng péng dá yún chéng tiān wàn lǐ
月殿凌空入，云梯逐步登。鹏达云程天万里，
lóng fān yǔ xué làng qiān céng yuān liè lù bān niǎo niǎo xiān tái cháo yù niǎn
龙翻禹穴浪千层。鹓列鹭班，袅袅仙台朝玉辇；
lóng pán hǔ jù wēi wēi dì què qǐ jīn líng
龙蟠虎踞，巍巍帝阙起金陵。

gū jiǔ zhì dú shū dēng chāng pú jiǔ jié é shù sān léng fán
酤酒帜，读书灯。菖蒲九节，莪术三棱。烦
zhēng rú zuò zèng jí lěng sì huái bīng xī táng mèng cǎo xiè líng yùn yuǎn
蒸如坐甑，极冷似怀冰。西堂梦草谢灵运，远
dì sī chún zhāng jì yīng shān fù gōng chú xuán zhuó shēng chái chuī yě cài
地思莼张季鹰。山妇供厨，旋斫生柴炊野菜；
zhōu wēng fàn tǐng qīng yáo huà jiǎng cǎi hé líng
舟翁泛艇，轻摇画桨采河菱。

shí yī yóu
十一 尤

líng yān gé dé yuè lóu zhù tái bài jiàng tóu bǐ fēng hóu bì
凌烟阁，得月楼。筑台拜将，投笔封侯。碧
tái shēng lòu xiàng hóng yè chū yù gōu tiān jì hóng liáng hé yǔ duàn jiāng
苔生陋巷，红叶出御沟。天际虹梁和雨断，江
biān yú wǎng dài yān shōu chàng xiǎo líng jī liǎng chì pāi xié máo diàn yuè
边渔网带烟收。唱晓灵鸡，两翅拍斜茅店月；
pái yún gū hè yì shēng lèi luò hǎi tiān qiū
排云孤鹤，一声泪落海天秋。

qīng dōu kǎi bái hú qiú fén qín zhǔ hè mài jiàn mǎi niú jí
青兜铠，白狐裘。焚琴煮鹤，卖剑买牛。疾
fēng chuī yǔ jiǎo xīn yuè guà yún tóu yuè luò zhōu liú shā shàng yàn yún
风吹雨脚，新月挂云头。月落洲留沙上雁，云
fēi shuǐ sù làng zhōng ōu xiáng xù xián rén míng wǎn xiāng lú duì gǔ shǐ
飞水宿浪中鸥。庠序闲人，茗碗香炉对古史；
jiāng hú sǎn kè bǐ chuáng chá zào zài piān zhōu
江湖散客，笔床茶灶载扁舟。

yuān yāng pǔ yīng wǔ zhōu tiān hán yā jù shuǐ nuǎn yú yóu
鸳鸯浦，鹦鹉洲。天寒鸦聚，水暖鱼游。
zhāng liáng chéng shì hàn wáng càn yuán yī liú duì xuě jiā rén chuī fèng guǎn
张良诚事汉，王粲原依刘。对雪佳人吹凤管，
yù hán gōng zǐ yōng hú qiú chūn yàn jiā bīn yǎ zhuó qióng jiāng kuān jiǔ
御寒公子拥狐裘。春宴佳宾，雅酌琼浆宽酒
liàng yè yín sāo kè xián shōu huā lù rùn shī hóu
量；夜吟骚客，闲收花露润诗喉。

shí èr qīn

十二侵

qīng píng jiàn lǜ qǐ qín shū tiān mù bǐ cì shuǐ yāng zhēn biàn
青萍剑，绿绮琴。书天木笔，刺水秧针。卞
hé sān xiàn yù yáng zhèn sì zhī jīn qiáng nèi xìng huā hóng chū sè mén
和三献玉，杨震四知金。墙内杏花红出色，门
qián sāng zhè lǜ chéng yīn yuán liàng guī lái xīn zhú jiù sōng duō yì qù
前桑柘绿成阴。元亮归来，新竹旧松多逸趣；
zǐ qī qù hòu gāo shān liú shuǐ shǎo zhī yīn
子期去后，高山流水少知音。

sōng yù yù zhú sēn sēn gū fēng jué hè yuǎn shuǐ yáo cén huán
松郁郁，竹森森。孤峰绝壑，远水遥岑。桓
yī sān nòng dí yú shùn wǔ xián qín shū qì jiàn cuī yīng chū gǔ xī yáng
伊三弄笛，虞舜五弦琴。淑气渐催莺出谷，夕阳
máng cù niǎo tóu lín wǔ jiāng chéng ēn miàn dài shuāng wēi cí fèng què
忙促鸟投林。武将承恩，面带霜威辞凤阙；
shǐ chén fèng zhào kǒu chuán tiān yǔ dào jī lín
使臣奉诏，口传天语到鸡林。

huí sú jià dí chén jīn yú chuān hé yǐng zhì fú sāng yīn yuè
回俗驾，涤尘襟。鱼穿荷影，雉伏桑阴。月
hán huā jiàn lèi fēng liè niǎo jīng xīn yǒng xù cái jī huī miào bǐ jì yī
寒花溅泪，风冽鸟惊心。咏絮才姬挥妙笔，寄衣
shù fù dǎo hán zhēn yōng bó chéng hūn yì hán jìn xiàn yuán zhōng bì qiū
戍妇捣寒砧。雍伯成婚，一函尽献园中璧；秋
hú xì fù liǎng xiù qīng xié sāng xià jīn
胡戏妇，两袖轻携桑下金。

shí sān tán
十三 覃

chú nèn sǔn qiē xiāng gān yáng jī yīn ǒu zhāo sì mù sān dōng
锄嫩笋，切香柑。阳奇阴偶，朝四暮三。冬
bīng pū lěng zhǎo qiū yuè jìn hán tán yàn zhú xī yáng tóu sài běi hóng tuō
冰铺冷沼，秋月浸寒潭。雁逐夕阳投塞北，鸿拖
qiū sè xià jiāng nán hǎi shuǐ jiāng cháo huā dǐ huáng fēng yá yǐ bà shān
秋色下江南。海水将潮，花底黄蜂衙已罢；山
yún yù yǔ jiē qián bái yǐ zhàn fāng hān
云欲雨，阶前白蚁战方酣。

tīng shǔ niǎo yǎng wú cán xiè ān gāo wò wáng yǎn qīng tán chūn
听蜀鸟，养吴蚕。谢安高卧，王衍清谈。春
nuǎn qún fāng lì qiū qīng wàn xiàng hán páng dé yí ān lái lǒng shàng cáo
暖群芳丽，秋清万象涵。庞德遗安来陇上，曹
bīn shì bìng xià jiāng nán fēng qǐ hán jiāng mì xuě luàn duī yú fǔ lì yuè
彬示病下江南。风起寒江，密雪乱堆渔父笠；月
xié gǔ lù xián yún shēn hù lǎo sēng ān
斜古路，闲云深护老僧庵。

huā dài nǚ cǎo yí nán lóng chē fèng niǎn hè jià luán cān fēng
花待女，草宜男。龙车凤辇，鹤驾鸾骖。风
shāi qí yù zhú shuāng shú dòng tíng gān yuàn shàng wáng sūn yóu wèi fǎn
筛淇澳竹，霜熟洞庭柑。苑上王孙游未返，
huā qián gōng zǐ zuì fāng hān yě diàn xíng rén shuāng gāo shuì duǎn jī piān
花前公子醉方酣。野店行人，霜高睡短鸡偏
cù qióng tú guò kè xuě huá ní cháng mǎ bù kān
促；穷途过客，雪滑泥长马不堪。

shí sì yán
十四盐

fēng liào qiào yǔ lián xiān yè chóu zhǒng zhǒng chūn sī yān yān
风料峭，雨廉纤。夜愁种种，春思恹恹。
shuǐ hén shuāng hòu mò shān sè yǔ zhōng tiān gū qù jìn liú yún mǔ fěn
水痕霜后没，山色雨中添。姑去尽留云母粉，
kè lái zhǐ zuì shuǐ jīng yán yuè zhuǎn shū lóu lián lòu shù shēng cuī xiǎo
客来只醉水晶盐。月转书楼，莲漏数声催晓
jiàn fēng shēng xiù gé tán xiāng yì lǚ tòu xiāng lián
箭；风生绣阁，檀香一缕透香帘。

wō zhuàn bì què xùn yán yī duān mián qǐ sān chǐ sù jiān jiāo
蜗篆壁，雀驯檐。一端绵绮，三尺素缣。骄
yáng hóng shuò shí mì xuě bái duī yán qīng shuāng lěng tòu yuān yāng wǎ luò
阳红烁石，密雪白堆盐。清霜冷透鸳鸯瓦，落
yuè xié chuān fěi cuì lián wǔ jiàn sūn niáng pèi shēng niǎo niǎo zhī yāo ruǎn
月斜穿翡翠帘。舞剑孙娘，佩声袅袅知腰软；
biàn qín cài nǚ xián yùn yōu yōu jué zhǐ xiān
辨琴蔡女，弦韵悠悠觉指纤。

yáo huà shàn juǎn zhū lián jiǔ chóng là jù wàn zhóu yá qiān luò
摇画扇，卷珠帘。九重蜡炬，万轴牙签。落
huā kuáng dié rào fēi xù yóu fēng nián kàn jīng lǎo zǐ tóu xié tū cì
花狂蝶绕，飞絮游蜂黏。看经老子头斜秃，刺
xiù jiā rén zhǐ lù jiān qiū lǎo fēng hán luàn piāo hóng yè luò shān lù yè
绣佳人指露尖。秋老风寒，乱飘红叶落山路；夜
shēn xuě jí gù bàn lǜ méi chuān hù yán
深雪急，故伴绿梅穿户檐。

shí wǔ xián
十五咸

hóng luó zhàng hēi shí hán qín héng huī zhěn yuè zòu yīng xián
红罗帐，黑石函。琴横徽轸，乐奏英咸。
huā xiāng fēng jìng cǎi ní nuǎn yàn zhēng xián sài shàng hán shuāng chí jì
花香蜂竞采，泥暖燕争衔。塞上寒霜迟寄
ǎo jiāng tóu xié rì cù guī fān lǒng shàng méi kāi jì zèng gù rén yóu
袄，江头斜日促归帆。陇上梅开，寄赠故人犹
kě zhé jiē qián cǎo cháng dīng níng tóng zǐ bù xū shān
可折；阶前草长，丁宁童子不须芟。

piāo wǔ xiù tuō zhēng shān fēng qīng yuè bái hé dàn hǎi xián duàn
飘舞袖，脱征衫。风清月白，河淡海咸。断
bēi níng tǔ shí gǔ jìng bèi chén jiān lǐn lǐn qīng shuāng hán jú yòu méng
碑凝土蚀，古镜被尘缄。凛凛清霜寒橘柚，蒙
méng xì yǔ àn sōng shān gōng jiǔ lín zōng yè xiàng dēng qián mào yǔ jiǎn
蒙细雨暗松杉。供韭林宗，夜向灯前冒雨翦；
sī chún zhāng hàn guī lái jiāng shàng guà fēng fān
思莼张翰，归来江上挂风帆。

fán chí pǔ fù yuè yán yì chuān huā liǔ qiān lǐ sōng shān yún
樊迟圃，傅说岩。一川花柳，千里松杉。云
fēng xíng tū wù shí bì shì yán chán yě diàn huáng jī shēng wō wō wū
峰形突兀，石壁势岩巉。野店黄鸡声喔喔，屋
liáng zǐ yàn yǔ nán nán lú shàng jiǔ xiāng duì yuè jǐ huí pín jǔ zhǎn
梁紫燕语喃喃。炉上酒香，对月几回频举盏；
àn qián shū mǎn lín fēng yí xiào què kāi jiān
案前书满，临风一笑却开缄。

上卷

一东

天转北，日升东。东风淡淡，晓日蒙蒙。野桥霜正滑，江路雪初融。报国忠臣心秉赤，伤春美女脸消红。孟轲成儒，早借三迁慈母力[①]；曾参得道，终由一贯圣人功[②]。

【注释】①孟轲成儒，早借三迁慈母力：孟子能够成为儒学大家，离不开母亲为了给他一个良好的成长环境而多次搬家的慈母之心。②曾参得道，终由一贯圣人功：曾参一贯恪守忠恕之道，被后人尊称为“宗圣”。

清暑殿，广寒宫。诗推杜甫，赋拟扬雄。人情冷暖异，世态炎凉同。丝坠槐虫飘帐幕，竹庄花蝶护房栊[①]。高士游来，屐齿[②]印开苔径绿；状元归去，马蹄踏破杏泥红。

【注释】①栊：窗户。②屐齿：木屐底下凸出的像齿的部分。

龙泉剑[①]，乌号[②]弓。春傩[③]逐疫，社酒[④]祈丰。笛奏龙吟水，箫吹凤啸桐。江面渔舟浮一叶，楼台谯鼓[⑤]报三通。时当五更[⑥]，庶尹拱朝天阙外[⑦]；漏[⑧]过半夜，几人歌舞月明中。

【注释】①龙泉剑：中国古代名剑。②号：号叫。③傩：古时的迎神赛会，用以驱逐疫鬼。④社酒：旧时在社日这天祭祀时所备的酒。⑤谯鼓：古时城门上瞭望楼里的更鼓，用以报时。⑥更：旧时夜间计时单位，一夜分为五更，每更约两小时。⑦庶尹拱朝天阙外：这里指文武百官在皇宫外等候朝见皇帝。⑧漏：漏壶，古代计时的器具。

二　冬

君子竹，大夫松[①]。偷香粉蝶，采蜜黄蜂。风定荷香细，日高花影重[②]。大庾岭头梅灿烂，姑苏台足草蒙茸[③]。跃马游人，苑内观花夸景美；操豚[④]野老，田间拜社祝年丰。

【注释】①大夫松：秦始皇曾将泰山的一株松树封为“五大夫”。②重：重叠。③蒙茸：蓬松。④豚：小猪。

冯妇虎[①]，叶公龙[②]。鱼沉雁杳[③]，燕懒莺慵。依依河畔柳，郁郁涧边松。天成阆苑[④]三千界，云锁巫山十二峰。骚客游归，双袖微沾花气湿；渔郎钓罢，一舟闲系柳阴浓。

【注释】①冯妇虎：冯妇，战国时期晋国人。据说他非常擅长打虎。②叶公龙：叶公，春秋时期楚国人。他自称非常喜欢龙，但看到真龙却吓得魂不附体，慌忙逃走。③杳：不见踪影。④阆苑：传说中神仙居住的地方。

催春鸟，噪秋蛩[①]。郭荣叩马[②]，卫献[③]射鸿。玉盘红缕润，金瓮绿醅浓。对雪谁家吟柳絮[④]，披风何处采芙蓉。芳满春园，红杏有颜清露洗；雨过秋谷，玄关[⑤]无锁白云封。

【注释】①蛩：这里指蟋蟀。②郭荣叩马：郭荣，春秋时期齐国人。齐国国都被晋军围困，郭荣为了稳定民心，牵住了驾车的马，阻拦想要驾车逃走的齐国国君。③卫献：春秋时期卫国国君。④吟柳絮：东晋才女谢道韫曾将漫天大雪比作随风飞舞的柳絮。⑤玄关：这里指山谷口。

三　江

花盈槛[1]，酒满缸。颓垣败壁，净几明窗。兰开香九畹[2]，枫落冷吴江。山路芳尘飞黯黯，石桥流水响淙淙。退笔成邱，右军书秃三千管[3]；建旗入境，安石门排十六双[4]。

【注释】①花盈槛：指栏杆内开满了花。②畹：古代称三十亩（一说十二亩）地为一畹。③退笔成邱，右军书秃三千管：王羲之练字写秃了三千支笔，丢掉的秃笔都堆成了小山。④建旗入境，安石门排十六双：这里指东晋名相谢安曾主持东晋朝政十六年。

斟玉斝[1]，剔银釭[2]。起风石燕[3]，吠日山尨[4]。春染千门柳，秋连万顷江。酒力能将愁阵破，茶香可使睡魔降。北苑春回，一路花香随着屐；西湖水满，六桥柳影照飞艭[5]。

【注释】①斝：指酒器。②釭：指油灯。③起风石燕：石燕山上有一种形状像燕子一样的石头，每当风雨之际，石燕会像真燕子似的飞翔起来。④尨：多毛的狗。⑤艭：小船。

吹牧笛，泛渔艭。严陵真隐[1]，纪信诈降。冬雷惊渭亩[2]，春水泛湘江。庭院日晴黄鸟并，江湖浪阔白鸥双。十八拍笳[3]，蔡琰悠吹于北塞；三五株柳，陶潜啸傲于南窗[4]。

【注释】①严陵真隐：东汉隐士严光曾隐居于富春山。②渭亩：指渭川的田野。③十八拍笳：东汉才女蔡琰曾作《胡笳十八拍》抒发自己内心的悲愤。④陶潜啸傲于南窗：陶潜归乡隐居后，常常倚着南窗放歌长啸，傲然自得。

四 支

梅破蕊[①]，柳垂丝。荷香十里，麦穗两歧[②]。剥橙香透甲[③]，尝稻气翻匙[④]。紫陌[⑤]游人摇玉勒[⑥]，画堂[⑦]酒客醉金卮[⑧]。云锁巫山，墨翰饱滋天外笔[⑨]；池涵列宿[⑩]，玉盘乱布水中棋。

【注释】①梅破蕊：指梅花绽放。②麦穗两歧：指一株麦子上长了两个麦穗。③剥橙香透甲：剥开橙子，橙香浸透了指甲。④尝稻气翻匙：品尝稻米，米香在勺子上翻腾。⑤紫陌：指帝都郊野的道路。⑥玉勒：玉饰的马衔。⑦画堂：装饰华丽的厅堂。⑧卮：古代盛酒的器皿。⑨云锁巫山，墨翰饱滋天外笔：云雾笼罩下的巫山，就像吸饱了墨水的神笔。⑩宿：指星宿。

三都赋[①]，七步诗[②]。班超投笔，王质观棋。月照富春渚[③]，雷轰荐福碑[④]。堤柳拖烟迷翡翠，海棠经雨湿胭脂。豪富石崇，邀客不空金谷盏[⑤]；风流山简，驻军常醉习家池[⑥]。

【注释】①三都赋：西晋左思构思十年写出《三都赋》。②七步诗：曹植曾被迫在七步之内作出《七步诗》。③富春渚：指富春江中的小块陆地。④雷轰荐福碑：相传范仲淹曾让一个贫寒的书生去临摹荐福寺的碑文谋生，谁知当晚荐福碑便被巨雷击碎。⑤豪富石崇，邀客不空金谷盏：西晋的石崇家资巨富而生活奢侈，常在金谷园中宴请宾客。⑥风流山简，驻军常醉习家池：西晋名士山简酷爱饮酒，他镇守襄阳时，常常在当地的园林习家池纵酒狂饮。

戈倒握，笛横吹。阮籍青眼，马良白眉。雨阑[①]流水急，风定落花迟。衰柳经风飞病叶[②]，枯梅得月照寒枝。适意[③]高人，斜卷玉帘通燕子；陶情[④]侠客，闲抛金弹[⑤]打莺儿。

【注释】①阑：尽，停止。②病叶：残败的叶子。③适意：自在合意。④陶情：怡悦情性。⑤金弹：黄金做的弹丸。

五　微

城矗矗[①]，殿巍巍[②]。纫兰楚客[③]，泣竹湘妃。客伤南浦[④]草，人采北山薇[⑤]。竹笋生成擎玳瑁[⑥]，石榴并破露珠玑[⑦]。能语能言，鹦鹉啭音劳舌底；有经有纬[⑧]，蜘蛛结网费心机。

【注释】①矗矗：高耸的样子。②巍巍：高大壮观的样子。③纫兰楚客：纫，缝缀；楚客，这里指屈原。屈原的《离骚》中有"纫秋兰以为佩"之句。④南浦：南边的水岸，后泛指送别之地。⑤薇：草本植物，种子可食，嫩茎和叶可作蔬菜。⑥擎玳瑁：擎，向上托举；玳瑁，这里指竹笋的外壳像玳瑁的甲壳。⑦珠玑：这里指石榴籽。⑧有经有纬：经，指竖着的线；纬，指横着的线。

吹暖律[①]，捣寒衣[②]。风翻翠幕，月照朱帏。夜长更漏[③]远，昼永篆香[④]微。村墟犬已经霜瘦，篱落鸡因啄粟肥。碧帻[⑤]老翁，柳边时睨游鱼走；雪衣仙女，花底长陪舞蝶嬉。

【注释】①暖律：古代以时令合乐律，温暖的节候称"暖律"。②捣寒衣：捣，用木杵捶击衣物使之干净；寒衣，冬天御寒的衣服。③更漏：古时夜间用漏壶表示时刻报更。④篆香：状似篆文的盘香，点燃可用来计测时间。⑤碧帻：指青绿色的头巾。

虹晚现，露朝晞[①]。荷擎翠盖，柳脱棉衣。窗阔山城小，楼高雨雪微。林中百鸟调[②]莺唱，月下孤鸿带影飞。老圃秋高，满院掀黄开菊径；芳庭春早，两歧[③]铺绿上柴扉[④]。

【注释】①晞：干。②调：配合。③歧：岔路、小路。④扉：门扇。

六　鱼

花脸露，柳眉舒。两行雁字[①]，一纸鱼书[②]。日晴燕语滑[③]，天阔雁行疏。弄笛小儿横跨犊，吟诗骚客倒骑驴。谢世幽人，紫艳葡萄千日酒[④]；入京才子，白藤画匣万言书[⑤]。

【注释】①雁字：大雁飞时排成“人”字或“一”字形，故称“雁字”。②鱼书：藏于鱼腹中的书信。③滑：流利、婉转。④千日酒：传说中饮后会一醉千日的酒。⑤万言书：封建官吏呈送给帝王的长篇奏章。

居有屋，出无车。乘舟范蠡，题柱相如。稻花连陇亩[①]，梧叶满阶除[②]。梅弹随风惊过鸟，月钩沉水骇游鱼。醉卧瓮旁，放达情怀毕吏部[③]；行吟泽畔，枯憔面色楚三闾[④]。

【注释】①陇亩：指田地。②阶除：指台阶。③醉卧瓮旁，放达情怀毕吏部：毕吏部，指毕卓，东晋人。他性情放达而酷爱饮酒，曾乘醉去邻居家偷酒喝。④楚三闾：这里指屈原。

鹰搏兔，鹭窥鱼。林修[①]茂竹，地种嘉蔬。兰风清枕簟[②]，梅竹润琴书。僧舍何人吹短笛，王门有客曳长裾[③]。江燕引雏，花外怯风飞复落；山云含雨，天边蔽日卷还舒。

【注释】①修：高、长。②枕簟：指枕席。③王门有客曳长裾：指在王侯权贵人家做门客。

七　虞

金谷景，辋川图[①]。十洲三岛[②]，四澳[③]五湖。篆香浮宝鼎，漏箭[④]响铜壶。老丈灌园亲抱瓮，文君卖酒自当垆[⑤]。豫让报仇，吞炭漆身思灭赵；越王怀恨，卧薪尝胆欲平吴。

【注释】①辋川图：唐代王维的名画，因绘有辋川别业二十胜景而得名。②十洲三岛：十洲，道教称大海中神仙居住的十处名山胜境；三岛，传说中的蓬莱、方丈、瀛洲三座海上仙山。③四澳：即“四隩”，指四方可以定居的地方。④漏箭：古代漏壶中用作计时指标的箭。⑤文君卖酒自当垆：文君，指司马相如的妻子卓文君。她和司马相如成亲后，曾开了一家小酒馆，亲自站在柜台前卖酒。

云里鹤，日中乌[①]。来宾雁序[②]，傍母鸡雏。夜月琴三弄[③]，春风酒一壶。菊盏带霜盛碎玉，荷盘翻露泻明珠。关外戍臣，两鬓经霜羁[④]远塞；江干渔父，一蓑烟雨钓平湖。

【注释】①日中乌：传说太阳中有一只三足的金乌。②来宾雁序：大雁有次序地飞往南方过冬，就像是去南方做客。③三弄：古曲名，即《梅花三弄》。④羁：停留。

云母石[①]，水晶珠。陆绩怀橘[②]，史丹伏蒲[③]。儿童骑竹马，旅客忆莼鲈[④]。一水尽含飞阁动[⑤]，百花半映古槎[⑥]枯。庶尹趋朝，玉笋班中鸣鸾佩[⑦]；群娇绣阁，石榴花下斗樗蒲[⑧]。

【注释】①云母石：一种矿石，古代常用来做屏风等家具。②陆绩怀橘：陆绩，三国时期人。曾有人拿橘子给他吃，他舍不得吃完，在怀中藏了几个，想拿回家给母亲吃。③史丹伏蒲：汉元帝病重时想要废掉太子，大臣史丹跪拜在汉元帝床前的青蒲席上哭着劝谏，汉元帝遂放弃废太子的打算。④莼鲈：指江南特有的莼羹和鲈鱼脍，代指家乡风味。莼鲈之思常用来表示思念家乡。⑤一水尽含飞阁动：飞阁的影子投入湖中，随着水波晃动。⑥古槎：古旧的木筏。⑦庶尹趋朝，玉笋班中鸣鸾佩：玉笋班，指英

才济济的朝班。这句话指百官上朝时，身上佩戴的鸾佩随着走动发出清脆的鸣响。⑧樗蒲：古代的一种赌博游戏，类似掷色子。

八 齐

金鲤跃，玉骢[1]嘶。朝阳丹凤[2]，报晓黄鸡。夜月鸟忙唤，春风莺乱啼。园中新笋半成竹，路上花落尽点泥。蛮柳[3]眠低，小弱腰肢遭雨苦；海棠睡起，丰娇体态被春迷。

【注释】①玉骢：毛色青白相杂的骏马。②朝阳丹凤：丹凤看到红日升起发出鸣叫。③蛮柳：指柳树的枝干像小蛮腰一样。

敲拍扳[1]，唱铜鞮[2]。赋名鹦鹉[3]，诗咏凫鹥[4]。峡猿啼夜月，巢鸟掠春泥。涸鲋喜得庄周活[5]，良马欣逢伯乐嘶。烟锁溪头，平树绿杨浮翡翠；月沉海底，一泓清水映玻璃。

【注释】①拍扳：一种打击乐器，用来打拍子。②铜鞮：乐府曲名。③赋名鹦鹉：东汉祢衡曾作过一篇《鹦鹉赋》。④诗咏凫鹥：凫，指野鸭；鹥，鸥。《诗经》中有一首名为《凫鹥》的诗歌。⑤涸鲋喜得庄周活：庄周，即庄子。据说庄子曾看到即将干涸的车印沟里有一条鲋鱼，这条鱼请他用水救活自己。

题粉壁[1]，附丹梯[2]。桑麻接壤，桃李成蹊[3]。渔家收暮网，军垒动宵鼙[4]。一呕扬子归蛙室[5]，三笑渊明过虎溪[6]。碎梦悠扬，乱逐落花飞上下；闲魂飘泊，直随流水绕东西。

【注释】①粉壁：白色的墙壁。②丹梯：红色的台阶。③蹊：小路。④军垒动宵鼙：军营夜里响起报时的鼓声。⑤一呕扬子归蛙室：呕，通“区”，指小屋；扬子，这里指西汉扬雄的先祖；蛙室，这里应指代田野。扬雄的先祖为了躲避仇人而隐居郫县，从一亩半田地、一间小屋开始，世代以农桑为业。⑥三笑渊明过虎溪：高僧释惠远在庐山东林寺时，曾送陶渊明、陆静修两人下山，三人边走边说不知不觉过了虎溪，后大笑而别。

九　佳

蒙白氎[1]，裹青鞋[2]。雷轰天地，风扫雾霾。葡萄来汉苑[3]，蓂荚[4]生尧阶。含愁班女题纨扇[5]，行乐王维赴鹿柴。帝里繁华，巷满莺花添锦路；仙家静寂，云穿虬树[6]锁丹崖[7]。

【注释】①氎：细棉布。②青鞋：指草鞋。③葡萄来汉苑：葡萄在汉代时从西域传到中原。④蓂荚：古代传说中一种表示祥瑞的草。相传上古尧帝时期便是利用蓂荚来计算时间的。⑤含愁班女题纨扇：班女，指西汉成帝的妃子班婕妤。她曾满怀愁绪地写下一首《怨歌行》，把失去皇帝宠爱的自己比作秋天被人抛弃的团扇。⑥虬树：指枝干盘曲的树木。⑦丹崖：指绮丽的岩壁。

乌犀带[1]，白玉钗。金章璞绶[2]，布袜芒鞋[3]。桂花飘户牖[4]，柳影上庭阶。花酒一园供宴乐，云山千里称吟怀。月到天心[5]，远近楼台均照耀；雪堆山顶，高低蹊路尽庄埋。

【注释】①乌犀带：指嵌有乌犀角的腰带。②金章璞绶：指黄金印章和璞玉装饰的丝带，代指高官显爵。③芒鞋：芒草编织的鞋子。④户牖：指门窗。⑤天心：天中央。

云竹锦，水松牌[1]。茶抽蓓蕾[2]，酒熟茅柴[3]。莺梭随柳织，雁字叠云排。袖里风光循竹径，襟前雨意罩兰阶。风刮长途，卷起芳尘迷道路；雪融巫峡，添来新水满江淮。

【注释】①水松牌：指水松木做的小牌子，可以用来题字写诗。②茶抽蓓蕾：蓓蕾，指含苞未开的花朵。这里指茶叶在蓓蕾时期就要被采摘。③茅柴：指劣质酒。

十 灰

巡五岳[1]，望三台[2]。绿橙是叟[3]，红叶为媒。寒深银粟[4]起，醉重玉山颓[5]。树杪[6]风停声未息，花梢月上影成堆。篱下菊开，陶令对花时一醉；庭前枣熟，杜陵[7]上树日千回。

【注释】①五岳：即东岳泰山、西岳华山、南岳衡山、北岳恒山、中岳嵩山。②三台：古时天子有观天文的灵台、观四季生息的时台、观鸟兽鱼鳖的囿台，合称为“三台”。③叟：年老的男人，这里指做媒的月老。④银粟：指人因受冷而在皮肤上形成的小疙瘩。⑤玉山颓：玉山，这里指头；颓，下坠。玉山颓即醉倒。⑥树杪：即树梢。⑦杜陵：杜甫自称少陵野老、杜陵野客。

培晚菊，探寒梅。出墙红杏，夹道绿槐。朱陈联戚党[1]，刘阮到天台[2]。解冻暖风医病草[3]，及时甘雨润枯荄[4]。蜂采菜花，脚带黄金[5]飞不起；雀争梅蕊，口衔白玉[6]叫难开。

【注释】①朱陈联戚党：据说唐代有一个村庄，只有朱、陈两姓人家，两姓世代联姻，因此这两个姓氏的人都有亲戚关系。②刘阮到天台：相传东汉的刘晨和阮肇在天台山采药时迷路，遇到两个仙女，他们在仙女那里待了半年，下山回到家中时，发现子孙已过了七代。③病草：枯萎的草。④枯荄：干枯的草根。⑤黄金：指菜花花粉。⑥白玉：指梅花瓣。

栽五柳，植三槐。咸裹青箬[1]，渴望绿梅。斋成劳咄啐[2]，诗就作敲推[3]。捉月骚人[4]凌波浪，乘云仙子上蓬莱。灯点木油，红日光中消冻雪[5]；弓弹棉絮，白云堆里响晴雷[6]。

【注释】①青箬：指箬竹的叶子，古代用其来包盐。②斋成劳咄啐：这里指先把菜切好就能迅速地做好饭。③诗就作敲推：这里指诗歌写好后要反复琢磨其中的用词。④捉月骚人：指李白。⑤红日光中消冻雪：这里指火红的烛光就像太阳光一样让白雪般的蜡烛消融。⑥白云堆里响晴雷：这里指弓弹棉花的声音就像白云中传来阵阵雷声。

十一 真

吴孟子[①]，楚春申[②]。春风态度，秋水精神。窗目笼纱纸，炉头倒葛巾[③]。吴札多情曾挂剑[④]，张纲有志独埋轮。公子朝歌，檀板[⑤]缓催金缕曲；王孙夜饮，丝绦[⑥]长系玉壶春。

【注释】①吴孟子：春秋时期鲁昭公的夫人。②楚春申：战国时期楚国的春申君黄歇。③倒葛巾：陶渊明酷爱饮酒且不拘小节，遇到酒中有渣滓，便脱下头上的葛巾来过滤。④吴札多情曾挂剑：吴札，指春秋时期的季札。徐国国君十分喜欢季札的佩剑，当季札打算把剑给徐君时，徐君已经过世，季札便把宝剑挂在徐君墓前的树上。⑤檀板：以檀木制成的拍板，为戏曲伴奏与器乐合奏时的节拍器。⑧丝绦：指丝编织而成的腰带。

金孔雀，玉祥麟。蟪蛄[①]噪晚，鶗鴂[②]鸣春。壁蛩[③]惊怨妇，村犬吠行人。渔唱悠悠清水澈，樵歌杳杳碧苔新。秋色萧条，万树凋零山瘦削；春情淡荡，百花妆点草精神。

【注释】①蟪蛄：即知了。②鶗鴂：这里指杜鹃鸟。③壁蛩：指墙脚的蟋蟀。

将军帽，进士巾[①]。孔门十哲[②]，殷室三仁[③]。读书探圣道，嗜酒露天真。戏水游鱼萦过客，隔花啼鸟唤行人。落地杨花，乱逐东风随马足；掀天桃浪，缓乘春雨化龙鳞[④]。

【注释】①进士巾：指唐巾，是唐代帝王的一种便帽，后来士人也多戴这种帽子。明代时也称“唐巾”为“进士巾”。②孔门十哲：指孔子门下的十位有学问、有贤名的学生。③殷室三仁：指殷纣王的朝堂的三位仁者，分别是微子、箕子、比干。④掀天桃浪，缓乘春雨化龙鳞：传说黄河要津龙门桃花浪起时，江海之鱼就会集聚在龙门下，跃过龙门的鱼就会化为龙。

十二　文

茶已熟，酒初醺。西堂梦草[1]，南涧采芹[2]。烂霞成五色，瑞雪积三分。子美[3]诗成能泣鬼，相如[4]赋就自超群。贪醉青莲[5]，采石矶头捞皓月；思亲仁杰[6]，太行山顶望孤云。

【注释】①西堂梦草：谢灵运有天在西堂想写诗，但一整天也没写成，后来梦到他的族弟谢惠连，就写出了“池塘生春草”这样的好句子。②采芹：芹，这里指水芹，生长于水田或湿地。古时学宫有泮水，入学则可采水中之芹以为菜，故称入学为“采芹”“入泮”。③子美：指杜甫。④相如：指司马相如。⑤青莲：指李白。⑥仁杰：指唐代名臣狄仁杰。

徐孺子[1]，信陵君[2]。文章太守，韬略将军。踏山寻妙药，锄地种香芸[3]。灯尽不挑垂暗蕊[4]，炉灰重拨尚余薰。金殿昼长，隐隐漏壶花外转；锦江夜静，悠悠渔笛月中闻。

【注释】①徐孺子：指东汉名士徐稚，其为人淡泊，品德高尚。②信陵君：指战国时期魏国公子魏无忌。③香芸：指芸香一类的香草，有特异香气，驱除蚤虱和蛀虫。④暗蕊：指烧过的灯芯。

巫峡月，楚岫云。灯光灿烂，酒气氤氲。蜂趋红杏蕊，鹤踏碧苔纹。清露临晨凉似洗，火云当午热如焚。情重志坚，贺阁腐衣韩烈妇[1]；才高兴发，龙山落帽孟参军[2]。

【注释】①贺阁腐衣韩烈妇：韩烈妇，指战国时期韩凭的妻子何氏。她被宋康王霸占，丈夫韩凭含恨自杀。她暗中将自己的衣服腐蚀，防止被人拉扯住，然后在陪宋康王登高台游览时，从台上跳下而死。②龙山落帽孟参军：孟参军，指东晋人孟嘉。他曾在龙山参加桓温的宴会，帽子被风吹落而浑然不知，依旧风度翩翩。

十三元

桃叶渡，杏花村。衔芦征雁[①]，接箭老猿[②]。晓径牛羊践[③]，晴檐燕雀喧。水獭祭鱼[④]知报本，山乌哺母[⑤]不忘恩。曳杖高人，园菊径边寻故旧；荷锄[⑥]野老，海棠花下戏儿孙。

【注释】①衔芦征雁：指迁徙的大雁为自卫而嘴叼着芦苇。②接箭老猿：相传唐代僧人悟空曾见一个猎人射中一只抱着小猿的母猿，母猿唤来公猿，将小猿给了对方后，发出阵阵悲鸣，然后拔掉自己身上的箭死掉了。③践：踩踏。④水獭祭鱼：水獭喜欢吃鱼，常常将所捕的鱼有序地陈列在岸边，就像陈列祭祀的供品。⑤山乌哺母：据说乌鸦会寻觅食物喂养失去觅食能力的母鸦。⑥荷锄：背着锄头。

碧鸡[①]庙，金马门。金杯玉斗，龙勺牺樽[②]。庆云[③]拖玉殿，甘露滴铜盆[④]。闭户袁安甘卧雪[⑤]，下帷董子不窥园[⑥]。廉范临民，慈惠群歌来何暮[⑦]；于公治狱，清勤共羡死无冤[⑧]。

【注释】①碧鸡：碧鸡和后文的金马都是古代益州地区传说中的神名，被视为祥瑞之物。②龙勺牺樽：古代酒器。③庆云：指五色云，古人认为其有祥瑞之气。④甘露滴铜盆：汉武帝为求长生不老，曾在建章宫建造承露盘，用铜盘承接甘露饮用。⑤闭户袁安甘卧雪：袁安，东汉名臣。他曾客居洛阳，生活贫困。一年冬天下大雪，袁安因不愿去麻烦别人帮助自己而甘愿在家冻得蜷缩在床上发抖。⑥下帷董子不窥园：董子，指西汉学者董仲舒。他曾为了研习经书，放下室内悬挂的帷幕，三年不看窗外事。⑦廉范临民，慈惠群歌来何暮：廉范，东汉人。他任蜀郡太守时，革除禁止百姓夜晚用火的前令，惠及百姓生活，百姓们作歌歌颂他，其中有“来何暮”之句。⑧于公治狱，清勤共羡死无冤：于公，西汉人。他治狱勤谨，以善于判决狱讼而成名，从未制造过冤案。

鸦聚阵，鹗飞骞[①]。画龙破壁[②]，爱鹤乘轩[③]。疏泉流地脉，移石动云根[④]。芍药歌红翻古砌[⑤]，薜萝行绿上颓垣。秋冷吴江，青枫叶落飘前渚[⑥]；日斜彭泽，白蓼[⑦]花飞过远村。

【注释】①飞骞：飞行。②画龙破壁：相传南朝梁的著名画家张僧繇曾在寺院的墙壁上画了两条活灵活现的龙，给龙画上眼睛后，龙就破开墙壁飞上了天。③爱鹤乘轩：春秋时期的卫懿公喜欢养鹤，甚至荒唐到给鹤封官，让鹤穿着官服坐豪华马车，使得百姓怨声载道。④移石动云根：云气飘移，就像掩映在云雾中的山石在移动。⑤芍药歌红翻古砌：红色的芍药长得蔓延过古旧的台阶。⑥渚：水中的小块陆地。⑦蓼：一种草本植物，开白色或浅红色的小花，生长在水边或水中。

十四　寒

蒲葵扇，竹箨[1]冠。旌旗闪闪，环佩珊珊。烟花潘岳县[2]，夜月严陵滩[3]。衣袂障风金缕细，剑锋横雪玉鞘寒。柳絮因风，数点频黏银伐阅[4]；梨花带雨，一枝斜倚玉阑干。

【注释】①箨：竹笋上的皮。②烟花潘岳县：潘岳在河阳当县令时，在县中广泛种植桃树和李树，春季花开时节，全县花团锦簇。③严陵滩：指富春山畔的七里滩，因东汉隐士严光曾在此垂钓而得名。④伐阅：指记功簿册。这里指权贵之家。

烧兽炭[1]，烹龙团[2]。孟宗哭竹[3]，燕姞梦兰。松枯遭雨苦，花瘦怕风寒。辨礼阅公辞昌歜[4]，逞威介子斩楼兰[5]。纵侈王孙，长向花前酣美酒；避嫌君子，不从李下整危冠[6]。

【注释】①兽炭：制成兽形的炭。②龙团：北宋时的贡茶，茶饼上印龙凤图纹。③孟宗哭竹：孟宗，三国时期吴国人。他的母亲在重病时想吃笋羹，但当时正是冬季，没有竹笋，孟宗悲伤地跑到竹林中抱着竹子哭泣。④辨礼阅公辞昌歜：昌歜，菖蒲根的腌制品。春秋时期，鲁国国君曾以昌歜等食物宴请周公阅，周公阅认为这是用来招待有德行功业的君王的礼节，故推辞不接受。⑤逞威介子斩楼兰：西汉名臣傅介子曾在宴席中斩杀楼兰王安归，立在汉的楼兰质子尉屠耆为王，改楼兰为鄯善。⑥避嫌君子，不从李下整危冠：君子为了避嫌，从不在李树下整理帽子，以避免被人误会偷摘李子。

挥玉勒，跨金鞍。范增撞斗[1]，贡禹弹冠[2]。琴弦弹别鹤[3]，镜匣掩孤鸾[4]。冰泮[5]楚江舟举易，尘蒙蜀道客行难。大地阳回，

淑气催梅传信息；长天昼永，好风敲竹报平安。

【注释】①范增撞斗：范增曾因刘邦从鸿门宴上逃脱而愤恨地将刘邦所赠的一双玉斗摔碎。②贡禹弹冠：西汉的贡禹在得知好友王吉当上刺史后，高兴地弹掉自己官帽上的灰尘，等待好友举荐自己为官。③别鹤：指乐府琴曲《别鹤操》。④镜匣掩孤鸾：相传汉代西域罽宾国国王曾捕获一只鸾鸟，这只鸾鸟三年都没有鸣叫过。他的夫人说鸟见到同类才会鸣叫，不如在它面前悬一面镜子，国王于是照做。鸾鸟看到镜中的影子后，发出悲凄的鸣叫，拍打着翅膀死去了。⑤冰泮：指冰融解。

十五 删

山叠叠，水潺潺。珠还合浦①，玉出昆山②。明星千点灿，新月一钩弯。夜饮主宾联蝉③座，早朝文武列鸳班④。杵臼程婴，义立孤儿存赵祚⑤；沛公项羽，计谋孺子夺秦关⑥。

【注释】①珠还合浦：东汉时，孟尝担任合浦太守后，一改前任贪暴无度的取珠行为，合理取珠，于是迁徙至其他水域的珠蚌又迁回合浦。②昆山：指昆仑山。③联蝉：连续。④鸳班：指古代群臣朝见帝王时按品级分班排列的位次。⑤杵臼程婴，义立孤儿存赵祚：春秋时期晋国大夫赵盾全家被屠岸贾杀害，赵盾的门客公孙杵臼和程婴救出了他的遗腹子赵武，并抚养长大。⑥沛公项羽，计谋孺子夺秦关：刘邦和项羽率军反秦，约定先入秦国都城咸阳的人为王，后来刘邦先到达咸阳，秦王子婴投降。

蛇报主①，雀衔环②。虎头燕颔③，鹤发龙颜④。水流分燕尾，山秀拥螺鬟。梁帝讲经同泰寺⑤，严光垂钓富春山。返哺慈乌，夜月枝头啼哑哑；迁乔⑥好鸟，春风花底语关关。

【注释】①蛇报主：相传春秋时期，隋侯外出时救治了一条受伤的大蛇，蛇伤好后，衔来一颗大明珠报答隋侯的恩情。②雀衔环：相传东汉杨宝幼年时曾救助过一只小雀，后来小雀送给他四枚白玉环来报恩。③虎头燕颔：颔，下巴。形容相貌威武，古代看相的人认为这是可以万里封侯的面相。④鹤发龙颜：鹤发，白发；龙颜，指眉骨突起似龙。古代看相的人认为这是帝王的面相。⑤梁帝讲经同泰寺：梁帝，指南朝梁武帝萧衍。他信奉佛教，曾亲自在同泰寺讲经。⑥迁乔：指鸟从低处迁往高处。

铜壶阁[1]，玉门关[2]。闹中取静，忙里偷闲。一川巫峡水，九曲[3]武夷山。端石砚生鸲鹆眼[4]，博山炉起鹧鸪斑[5]。避世道人，饮露餐霞消俗态；倾城美女，凝脂抹粉出娇颜。

【注释】①铜壶阁：宋代阁楼，位于成都。②玉门关：两汉时期通往西域的重要关隘，位于敦煌。③九曲：这里指萦绕着武夷山的溪流。④鸲鹆眼：端州盛产砚台，砚台上有圆点状的斑纹，大小像鸲鹆的眼睛，故称为“鸲鹆眼”。⑤鹧鸪斑：香名。

下卷

一　先

清冷节[1]，艳阳天。樽前歌舞，花里管弦。高松栖瑞鹤，病柳咽寒蝉。处处播秧梅坞雨[2]，家家缫蚕竹篱烟。秋色方升，淝水风霜悲唳鹤[3]；春风欲暮，蜀山花木怨啼鹃[4]。

【注释】①清冷节：指寒食节。②梅坞雨：即梅雨，江淮流域初夏时持续较长的阴雨天气，因正值梅子黄熟而得名。③淝水风霜悲唳鹤：东晋和前秦曾在淝水进行了一场大战，前秦惨败，逃脱的前秦士兵胆战心惊，听到风声和鹤叫都怀疑是晋军追过来了。④蜀山花木怨啼鹃：相传古蜀国国王杜宇死后化作杜鹃鸟，常常在枝头悲鸣。

红杏雨[1]，绿杨烟。庭花一梦，禁柳三眠[2]。砚冷冰团结，帘疏月影穿。隐士不荒三径[3]菊，美人常采一溪莲。鏖战将军，一道甲光衔雪亮；凯歌士卒，千群马色截云鲜。

【注释】①红杏雨：指清明时节下的雨，时值杏花盛开。②禁柳三眠：传说汉朝宫苑中有一株柳树，像人一样每天准时三眠三起。③三径：这里指院中小路。

君臣药[1]，子母钱[2]。刻符制鬼，铸鼎升仙[3]。烛奴燃豹髓[4]，剑客舞龙泉。竹笋双生稚犊角，蕨芽突出小儿拳。枕上怀人，梦

断还思倾国色；庭前饯客，酒阑更赠绕朝鞭[5]。

【注释】①君臣药：中医药方中，针对病因或主症的主要药物为君，辅助主药发挥作用的药物为臣。②子母钱：指利钱和本钱。③铸鼎升仙：相传黄帝曾铸造宝鼎，炼制仙丹，后和群臣后宫乘龙飞升进入仙境。④烛奴燃豹髓：烛奴，指雕刻成人形的烛台，泛指烛台；豹髓，指名贵的蜡烛。⑤绕朝鞭：春秋时期晋国的大臣周绕朝在送投奔秦国的晋国大夫士会出使晋国时，把马鞭递给他，说自己知道士会想要重回晋国的真实用心。

二 萧

红芍药，绿芭蕉。杏花冉冉，枫叶萧萧。云开山见面，雪化竹伸腰。武士战争披铁甲，美人歌舞堕金翘[1]**。怀古不忘，岂在汤盘并周鼎**[2]**；读书最乐，何分曾**[3]**瑟与颜**[4]**瓢。**

【注释】①金翘：古代女性佩戴的一种金制首饰。②汤盘并周鼎：汤盘，指商汤的沐浴之盘，上刻有铭文"苟日新，日日新，又日新"；周鼎，指周代传国的九鼎，上面刻有饕餮纹。③曾：指孔子的弟子曾点。④颜：指孔子的弟子颜渊。

裁兽锦[1]**，剪鲛绡**[2]**。耕云野老，卧雪山寮。珠帘昼半卷，银烛夜高烧。驰骤乌骓**[3]**能致远，缗蛮**[4]**黄鸟识迁乔。学士参禅，座内合当留玉带**[5]**；谪仙爱饮，樽前不惜解金貂**[6]**。**

【注释】①兽锦：织有兽形图案的锦缎。②鲛绡：传说中鲛人所织的丝绢。③乌骓：指项羽所骑的战马。④缗蛮：指鸟鸣声。⑤学士参禅，座内合当留玉带：据说苏轼曾去金山寺参禅，和佛印禅师以佛理论输赢，结果把玉带输给了佛印禅师。⑥谪仙爱饮，樽前不惜解金貂：李白曾和友人一起饮酒，不惜以珍贵的貂裘换酒。

乘五马[1]**，贯**[2]**双雕。闲看妓舞，细听童谣。庄龟山刻节**[3]**，渡蚁竹编桥**[4]**。穿花白蝶双飞急，藏叶黄鹂百啭娇。日丽苑林，**

点点梅妆宋主[⑤]额；风扬宫院，纤纤柳舞楚娥腰[⑥]。

【注释】①五马：指五匹马拉的车，是身份高贵的象征。②贯：贯穿。③庄龟山刻节：庄，指庄子；山刻节，指古代天子的华丽的庙饰。庄子曾以龟更愿意活着在泥堆里自由爬行而不愿意以死使龟壳被人供奉在华丽的庙宇来表明心意，拒绝国君邀他做官的请求。④渡蚁竹编桥：北宋的宋郊曾在大雨时用竹子编成桥让一群被水困住的蚂蚁活命。⑤宋主：指南朝宋武帝的女儿寿阳公主。⑥楚娥腰：春秋时期的楚灵王喜欢纤细的腰身，因此朝中的大臣和宫中的宫娥都追求细腰。这里泛指细腰。

三　肴

闲博弈，喜诙嘲。太公渭水[①]，伊尹莘郊[②]。葵开猩血染，笋出虎皮包。阶下苔生遮蚁穴，溪边柳发蔽莺巢。才子嬉游，顿觉花香随马足；玉人歌舞，不知月影转花梢。

【注释】①太公渭水：太公，指姜子牙。他在辅佐周文王前，常常在渭水边垂钓。②伊尹莘郊：伊尹在成为商朝的贤相前，曾在莘国的田野耕种。

飞羽檄[①]，续鸾胶[②]。林留宿鸟，渊发潜蛟。寻芳来曲径，拾翠[③]到平郊。唱彻不将诗板击[④]，醉来还把酒壶敲。春暖泥融，燕语风光浮草[⑤]际；夜清云散，鹃啼月色映花梢。

【注释】①飞羽檄：古代的军事文书，插鸟羽以示紧急，必须迅速传递。②鸾胶：相传为鸾鸟脂肪制成的胶，用之能黏续断弦。后称丧妻男子续娶为“续胶”“续弦”或“鸾胶再续”。③拾翠：指古代女性春游时采拾花草。④唱彻不将诗板击：指吟唱完毕后不敲击诗板，表示不再继续。⑤浮草：指水草。

挑野菜，荐山肴[①]。筑台垒土，结屋诛茅[②]。鹤随鸡共立，鸠与鹊争巢。运际君臣鱼得水，交深朋友漆投胶[③]。攻苦书郎，不敢光阴容易掷；耐勤绣女，漫将春色等闲抛。

【注释】①山肴:指用山间猎得的鸟兽做成的菜。②结屋诛茅:剪茅草造房子。③漆投胶:将盖投入胶中,彼此黏结,不可分割,这里形容交情深厚。

四 豪

偿酒债,纵诗豪。烹茶啜菽[①],枕曲藉糟[②]。篱芳红木槿,架袅紫葡萄。远障雨余岚气[③]重,半天云净月轮高。蛩入残秋,昼阁相偕吹蚓笛[④];鸡鸣半夜,函关曾度窃狐袍[⑤]。

【注释】①啜菽:啜,吃、饮;菽,豆类的总称。②枕曲藉糟:指枕着酒曲,垫着酒糟。③岚气:指山中雾气。④蛩入残秋,昼阁相偕吹蚓笛:蚓笛,蚯蚓鸣叫的声音。秋天将尽,蟋蟀和蚯蚓在阁楼周围一起鸣叫。⑤鸡鸣半夜,函关曾度窃狐袍:战国时期,齐国的孟尝君曾受困于秦国,他的门客盗取了白狐裘,把它献给秦王的宠妾,向她求救,秦王因为宠妾求情而放了孟尝君。孟尝君等人便连夜赶到函谷关,因关门在鸡鸣时才开门,门客中擅长学鸡鸣的人模仿鸡鸣使得群鸡在半夜齐鸣,守关人因而打开关门,孟尝君一行得以出关。

春鸟唱,晚蝉嘈,傍帘飞雀[①],升木教猱[②]。尘氛[③]沾马足,风力鼓鸿毛。上表陈情传李密[④],投诗免役说任涛[⑤]。螺髻青浓[⑥],野外晚山垂万仞[⑦];鸭头绿腻[⑧],溪中春水长三篙[⑨]。

【注释】①傍帘飞雀:野雀在帘幕旁飞来飞去。②升木教猱:猱,即猕猴。这句话指引导猕猴攀爬树木。③尘氛:指灰尘烟雾。④上表陈情传李密:晋武帝曾征召李密做官,李密写下《陈情表》请求皇帝允许他在家侍奉与其相依为命的祖母。⑤投诗免役说任涛:唐代诗人任涛曾因诗写得好而被免除杂役。⑥螺髻青浓:指像螺髻一样高耸青翠的山峰。⑦仞:古代计量单位,一仞为七尺或八尺。⑧鸭头绿腻:指溪水像鸭头一样浓绿光滑。⑨三篙:篙,用竹竿等制成的撑船工具。这里的三篙是形容春天的溪水涨得很高。

乘宝马,掣金鳌[①]。九宫[②]八卦,三略六韬。笼鹅王逸少[③],相马九方皋[④]。窗下援琴弹古调,樽前剪烛读离骚。罢官情闲,

陶氏门前栽五柳;除士计妙,齐公庭内赐双桃[5]。

【注释】①掣金鳌:掣,拉、拽;金鳌,神话中的一种全身金色、生活在海里的神龟。②九宫:古时以乾、兑、离、震、巽、坎、艮、坤为八卦之宫,加之中央,称九宫。③笼鹅王逸少:王逸少,指王羲之。他非常喜欢鹅,曾用抄写的《道德经》从一个道士那里换取一笼鹅。④相马九方皋:春秋时期的九方皋非常擅长辨别马的优劣。⑤除士计妙,齐公庭内赐双桃:春秋时期的齐景公手下有三位猛将,他们因战功赫赫而目中无人,为了避免他们成为祸害,齐景公采取大臣晏子的计谋,赐给三个人两个桃子,让他们按照功劳自行分配,三人因此而互相比较功劳的大小,最后因为悔恨而先后自杀。

五　歌

雷霹雳,雨滂沱。穿苔竹笋,缠树藤萝。两山排翠闼[1],一水带青罗[2]。蛛网挂檐惊过雀,萤灯照户误飞蛾。雨过池塘,到处青蛙鸣碧草;晴看陂泽[3],有时白鸟浴红荷。

【注释】①两山排翠闼:两旁的青山就像敞开的绿色大门。②一水带青罗:蜿蜒的水流就像青色的丝带一样。③陂泽:湖泊。

歌婉转,语婆娑[1]。乾坤转毂[2],日月飞梭。村童携草笠,溪叟晒渔蓑。须贾赠袍怜范叔[3],相如引驾避廉颇[4]。野寺日高,无事老僧眠正稳;池亭月上,遣怀骚客咏偏多。

【注释】①婆娑:形容声音悠扬、委婉。②乾坤转毂:毂,指车轮。天地就像车轮一样迅速转动。③须贾赠袍怜范叔:范叔,指春秋时期的范雎。范雎做了秦相后,曾特意穿上破烂的衣袍去见曾陷害过他的须贾,须贾不知实情,出于同情赠送了他一件衣袍。④相如引驾避廉颇:相如,指蔺相如。廉颇不服气蔺相如的地位在他之上,想要当面羞辱蔺相如,蔺相如知道后,乘车时遇见廉颇就远远避开。

裁细葛[1],剪香罗[2]。闲中啸傲,醉里吟哦。野云归晚岫[3],江月滚秋波。山岭云横庄凤髻[4],沙堤雨滴露蜂窝[5]。樵子采鲜,

树拥松鳞如欲活[6]；渔郎照影，江浮菱镜不须磨[7]。

【注释】①裁细葛：指裁剪葛布制作衣物。②香罗：指绫罗。③岫：指山洞。④山岭云横庄凤髻：白云在山间浮动，把山峰装点的犹如女子的凤髻。⑤沙堤雨滴露蜂窝：雨滴在沙堤上，使沙堤变得像蜂窝一样。⑥树拥松鳞如欲活：松树上绽开鳞片的松果就像要活过来的鱼一样。⑦江浮菱镜不须磨：漂浮着菱花的江面就像不用磨就照得很清楚的镜子一样。

六 麻

梁上燕，井中蛙。守株待兔[1]，打草惊蛇[2]。断猿号绝壑[3]，归雁落平沙[4]。檐前蛛网开三面，户外蜂房列两衙[5]。夹道古槐，剩放午阴遮客路；穿篱新笋，乱分春意撩人家。

【注释】①守株待兔：相传战国时期有个农夫曾在田里见到一只兔子撞死在树桩上，便把它捡走了。此后他便放弃耕种，天天守着这个树桩，等着再有兔子撞在上面。②打草惊蛇：割草的时候惊动了草丛中的蛇。③断猿号绝壑：断猿，指孤独悲鸣的猿；号，引声长鸣；绝壑，指深谷。④平沙：指广阔的沙原。⑤列两衙：排列成两排。

茶绽蕊，草萌芽。傍花随柳，沉李浮瓜[1]。山人牧芋栗[2]，野老种桑麻。舴艋[3]渔郎歌欸乃[4]，秋千绣女笑喧哗。春去如何，已见飞残堤柳絮；夜来多少，不知开遍海棠花。

【注释】①沉李浮瓜：把瓜和李放于井水或凉水中使其清凉可口。②山人牧芋栗：住在山里的人采摘芋艿和橡栗。③舴艋：指小船。④欸乃：指划船时所唱的歌。

黏角黍[1]，饭胡麻[2]。披风戴月，饮露餐霞。时酌新丰酒[3]，初尝阳羡茶[4]。珠履[5]三千光错落，金钗十二影欹斜[6]。诸葛行军，落落轮前挥羽扇；昭君出塞，忽忽马上拨琵琶。

【注释】①角黍：指粽子。②胡麻：一种油料作物，这里指胡麻饭。③新丰酒：古代名酒。④阳羡茶：阳羡，今江苏宜兴。阳羡产出的茶在唐代时曾被当作贡茶。⑤珠履：相传战国时期的春申君有三千门客，其中上客都穿着缀有珍珠的鞋子，因而珠履又被借指门客。⑥欹斜：歪斜不正。

七　阳

黄金殿，白玉堂。朱楼绣阁[1]，画栋雕梁。玉琴横净几，珍簟[2]展方床。梅碧正迎江岸雨，橘黄须借洞庭霜。刈麦山人，紧束黄云[3]青满担；插秧野老，细分春雨绿成行。

【注释】①朱楼绣阁：指绘饰华美的朱红楼阁，泛指精美华丽的建筑。②珍簟：精美的竹席。③紧束黄云：指扎成捆的麦子像黄云一样。

开祖帐[1]，踞胡床[2]。弹丝品竹，劝酒称觞。樵歌来绿野，渔笛起沧浪。唤雨斑鸠喉舌冷，宿花蛱蝶梦魂香。天诏[3]初传，仙女锦衣持虎节[4]；大兵未出，将军绣衮[5]压龙骧[6]。

【注释】①祖帐：指为远行者饯别而设的帷帐。②踞胡床：踞，蹲、坐；胡床，古代一种可以折叠的轻便绳椅。③天诏：指皇帝的诏命。④虎节：泛指使节所持的虎形信物。⑤绣衮：这里指征战的铠甲。⑥龙骧：指战马。

麟应瑞，凤呈祥。蝠争昼夜[1]，燕渺炎凉[2]。夜月梧桐院，春风桃李墙。淼淼溪流分燕尾，迢迢山路绕羊肠。唐穆性贪，库内青钱化作蝶[3]；初平术妙，山中白石变成羊[4]。

【注释】①蝠争昼夜：指蝙蝠白天休息，夜晚出去觅食。②燕渺炎凉：燕子秋天天气转凉时飞往温暖的南方，春天变暖时飞回北方。③唐穆性贪，库内青钱化作蝶：唐穆宗曾让人捕捉宫殿前飞舞的黄色和白色的蝴蝶，第二天发现这些蝴蝶原来是库房中金钱所变。④初平术妙，山中白石变成羊：传说东晋皇初平修道成仙，能令白石飞起化作羊。

八 庚

霞散绮[1]，雪飞琼[2]。虹消雨霁，斗转星横。月移花改影，风动竹生声。岭外云霞花下月，湖边烟雨柳梢晴。旸谷日华，仪凤羽毛新灿烂；洞庭浪暖，化龙[3]头角独峥嵘[4]。

【注释】①霞散绮：指绚丽的霞光像展开的绸缎。②雪飞琼：指雪花像飞舞的美玉。③化龙：指鱼跃龙门变化为龙。④峥嵘：这里指出众。

占凤偶[1]，结鸥盟[2]。开笼放鹤，跨海斩鲸。刘伶[3]成酒癖，李白擅才名。月明何处衣砧[4]响，风细谁家玉笛横。援笔祢衡，江夏裁成鹦鹉赋[5]；吹箫弄玉，笛楼巧作凤凰声[6]。

【注释】①占凤偶：指通过占卜得到凤凰和鸣的吉语而组成佳偶。②结鸥盟：指隐居江湖的人与鸥鸟为伴，如同彼此间结有盟约。③刘伶：魏晋名士，酷爱饮酒。④衣砧：古代用砧杵敲打清洗衣物。⑤援笔祢衡，江夏裁成鹦鹉赋：东汉的祢衡才华横溢，他在江夏时曾提笔一气呵成《鹦鹉赋》。⑥吹箫弄玉，笛楼巧作凤凰声：相传春秋时期的弄玉爱好吹箫，吹奏的箫声像凤凰鸣叫一样。

炊麦饭，忆莼羹[1]。搜肠茗叶，适口香粳。啼鸟惊春梦，鸣鸡促晓行。孟尝门下三千客[2]，小范[3]胸中百万兵。韦固良缘，旅舍殷勤逢月老[4]；裴航佳偶，蓝桥邂逅遇云英[5]。

【注释】①莼羹：莼菜做的羹。②孟尝门下三千客：战国时期的孟尝君喜好广纳人才，养有门客三千多人。③小范：指范仲淹。④韦固良缘，旅舍殷勤逢月老：唐代的韦固曾在一家客栈借宿，晚上遇一老人在月光下翻检一本婚姻簿，月下老人为韦固牵红绳指明了良缘。⑤裴航佳偶，蓝桥邂逅遇云英：唐代的裴航路经蓝桥驿时口渴，一位名为云英的女子给他水喝，后来裴航和云英结为夫妻。

九 青

宣紫诏[1]，拜黄庭[2]。凫飞北阙[3]，鸿抟南溟[4]。蟠桃千岁熟[5]，丹桂九秋馨。曳杖寻僧来古寺，提壶饯客到长亭。水面游鱼，冲散浮萍千点绿；岗头过马，踏开芳草一痕青。

【注释】①紫诏：指皇帝的诏书。②黄庭：指道教典籍《黄庭经》。③北阙：这里指古代宫殿北面的门楼，是臣子等候朝见或上书奏事之处。④鸿抟南溟：指鸿鹄盘旋着飞向南边的大海。⑤蟠桃千岁熟：传说蟠桃树三千年结一次果，吃了可以长生不老。

观稷稼[1]，验尧蓂[2]。庄周梦蝶，车胤囊萤[3]。水浪风翻白，山藓雨掠青。汉水雨余龟曳尾，华山月冷鹤梳翎[4]。鲁阳倒戈，薄暮指回三舍日[5]；渔父泛棹，清霄摇动一湖星。

【注释】①稷稼：稷，指后稷，尧帝时期的农官；稼，指种植庄稼。②尧蓂：相传上古尧帝时期是利用蓂荚来计算时间的。③车胤囊萤：东晋的车胤好学而家贫，夏天晚上看书时没有灯烛，便抓来一些萤火虫放在布袋里，用萤光来照明。④梳翎：梳理羽毛。⑤鲁阳倒戈，薄暮指回三舍日：舍，古代长度单位，三十里为一舍。相传鲁阳公曾在战事激烈时因天色将晚，便持戈挥向太阳，使太阳又退回来九十里。

千顷稻，一池萍[1]。露冻石乳[2]，风撞花铃[3]。山随帆影转，水被石矶[4]停。云迷石洞花眉[5]碧，日晒金城柳眼[6]青。唤友黄鹂，声逐暖风飘院落；失群乌雁，影随寒月下江汀。

【注释】①萍：指浮萍。②石乳：指钟乳石，是石灰岩洞中悬在洞顶上的锥状物体。③花铃：指系在花梢上用来惊吓鸟雀的护花铃。④石矶：水边突出的巨大岩石。⑤花眉：指像眉毛一样的花瓣。⑥柳眼：指像眼睛一样的柳树叶。

十 蒸

霜凛冽，日炎蒸。金乌[①]西坠，玉兔[②]东升。潭清潦水[③]尽，山紫碎花凝。林泉偶座堪留客，竹院相逢却话僧。苏轼神驰，祛橐附床投黠鼠[④]；王思心急，停毫拔剑追飞蝇[⑤]。

【注释】①金乌：指太阳。②玉兔：指月亮。③潦水：指雨后的积水。④苏轼神驰，祛橐附床投黠鼠：苏轼曾在夜里听到老鼠在咬东西，拍了拍床板后，打开床下的一个袋子，发现里面有一只死老鼠，把袋子翻过来倒出老鼠，老鼠一落地就逃走了。苏轼认为自己被狡猾的老鼠欺骗是因为自己当时精神不够专一。⑤王思心急，停毫拔剑追飞蝇：东汉的王思脾气暴躁，一次提笔作画时，有只苍蝇停在笔杆上，赶了几次都没赶走，他生气地将笔摔下，拔剑去追满屋乱飞的苍蝇。

裁蜀锦，织吴绫。儒传一贯[①]，释悟三乘[②]。月殿[③]凌空入，云梯逐步登。鹏达云程天万里，龙翻禹穴[④]浪千层。鵷列鹭班[⑤]，袅袅仙台朝玉辇[⑥]；龙蟠虎踞，巍巍帝阙起金陵。

【注释】①儒传一贯：儒家是以一种道理贯通万事万物。②释悟三乘：佛教以车乘喻佛法，根据众生根基的不同，分为声闻乘、缘觉乘、菩萨乘三种情况。③月殿：指月宫。④禹穴：指夏禹在疏通黄河时修凿的龙门。⑤鵷列鹭班：鵷和鹭飞行时很有次序，形容百官朝见皇帝时井然有序的样子。⑥玉辇：天子所乘坐的车。

酤酒帜，读书灯。菖蒲九节[①]，莪术三棱[②]。烦蒸如坐甑[③]，极冷似怀冰。西堂梦草谢灵运，远地思莼张季鹰[④]。山妇供厨，旋斫[⑤]生柴炊野菜；舟翁泛艇，轻摇画桨采河菱。

【注释】①菖蒲九节：有一种菖蒲茎节紧密，每寸达九节以上。②莪术三棱：莪术主根茎呈锥状，有三棱，中医以其根状茎入药。③烦蒸如坐甑：指闷热的天气使人感

觉像坐在蒸锅里一样。④远地思莼张季鹰:张季鹰,指张翰,西晋人。他在北方做官的时候,因为怀念家乡的鲈鱼和莼羹的美味,便辞官归乡去了。⑤旋斫:用刀、斧等劈砍。

十一 尤

凌烟阁[①],得月楼[②]。筑台拜将[③],投笔封侯。碧苔生陋巷,红叶出御沟[④]。天际虹梁和雨断,江边渔网带烟收。唱晓灵鸡,两翅拍斜茅店[⑤]月;排云孤鹤,一声泪落海天秋。

【注释】①凌烟阁:唐太宗为表彰功臣勋绩所建的楼阁。②得月楼:明代建造于苏州的楼阁。③筑台拜将:汉高祖刘邦曾筑设坛场任命韩信为大将。④御沟:指流经宫廷内苑的沟渠。⑤茅店:指简陋的旅舍。

青兜铠[①],白狐裘。焚琴煮鹤[②],卖剑买牛[③]。疾风吹雨脚[④],新月挂云头。月落洲留沙上雁,云飞水宿浪中鸥。庠序[⑤]闲人,茗碗香炉对古史;江湖散客,笔床[⑥]茶灶载扁舟。

【注释】①青兜铠:青,指黑色;兜,古代作战时戴的头盔;铠,铠甲。②焚琴煮鹤:把琴当作柴火烧掉,用来烹煮鹤,比喻做煞风景的事情。③卖剑买牛:指劝民众卖掉刀剑来买牛,以从事农业生产。④雨脚:指落地的绵密雨点。⑤庠序:古代的学校。⑥笔床:搁笔的用具。

鸳鸯浦[①],鹦鹉洲[②]。天寒鸦聚,水暖鱼游。张良诚事汉[③],王粲原依刘[④]。对雪佳人吹凤管[⑤],御寒公子拥狐裘。春宴佳宾,雅酌琼浆宽酒量;夜吟骚客,闲收花露润诗喉。

【注释】①鸳鸯浦:指鸳鸯栖息的水滨。②鹦鹉洲:地名,为长江中的沙洲。③张良诚事汉:张良辅佐刘邦建立西汉,被封为留侯。④王粲原依刘:东汉的王粲曾在荆州避难,归附于刘表。⑤凤管:指笙箫或笙箫之乐。

十二　侵

青萍[①]剑，绿绮[②]琴。书天木笔[③]，刺水秧针[④]。卞和三献玉[⑤]，杨震四知金[⑥]。墙内杏花红出色，门前桑柘绿成阴。元亮[⑦]归来，新竹旧松多逸趣；子期去后，高山流水少知音[⑧]。

【注释】①青萍：宝剑名。②绿绮：古琴名。③书天木笔：指把天空当作纸，把树木当作笔。④刺水秧针：在水田里插秧苗就像用针在刺水一样。⑤卞和三献玉：春秋时期楚国的汴和曾获得一块璞玉，他先后把璞玉献给三任国君，第三任国君命人琢开璞玉，从中得到美玉，取名为“和氏璧”。⑥杨震四知金：东汉的杨震为官清廉，曾有人趁夜间来行贿，称无人知晓。杨震以“天知、地知、你知、我知”为由拒绝了他。⑦元亮：指陶渊明。⑧子期去后，高山流水少知音：子期，指钟子期。他能从俞伯牙的琴声中听出对方高山流水的心境，俞伯牙因此视他为知音。钟子期去世后，俞伯牙认为世间再无知音，便摔毁了琴，表示永不再弹。

松郁郁，竹森森。孤峰绝壑，远水遥岑。桓伊三弄笛[①]，虞舜五弦琴[②]。淑气渐催莺出谷，夕阳忙促鸟投林。武将承恩，面带霜威辞凤阙[③]；使臣奉诏，口传天语[④]到鸡林[⑤]。

【注释】①桓伊三弄笛：东晋的桓伊曾与王徽之偶遇，他用笛子为王徽之吹奏了一曲《梅花三弄》。②虞舜五弦琴：传说上古时期虞舜曾用五弦琴作《南风歌》。③凤阙：指皇宫。④天语：指皇帝的诏谕。⑤鸡林：古国名，即新罗，在朝鲜半岛。

回俗驾[①]，涤尘襟[②]。鱼穿荷影，雉伏桑阴。月寒花溅泪，风冽鸟惊心。咏絮才姬挥妙笔，寄衣戍妇捣寒砧。雍伯成婚，一函尽献园中璧[③]；秋胡戏妇，两袖轻携桑下金[④]。

【注释】①俗驾：指世俗之人。②涤尘襟：指洗除世俗的杂念。③雍伯成婚，一函尽献园中璧：相传阳伯雍曾在园中种出五枚玉璧，他将这些玉璧用匣子装起来，作为

娶妻的聘礼献给女方。④秋胡戏妇，两袖轻携桑下金：秋胡，春秋时期鲁国人。他婚后五日便外出做官，五年后才回来。归来的路上看到一位美貌的妇人在采桑，便想通过赠送钱财来调戏她，但被对方严词拒绝。秋胡回到家后，发现他调戏的那位妇人正是自己的妻子，因此感到十分惭愧。

十三 覃

锄嫩笋，切香柑。阳奇阴偶[①]，朝四暮三。冬冰铺冷沼[②]，秋月浸寒潭。雁逐夕阳投塞北，鸿拖秋色下江南。海水将潮，花底黄蜂衙已罢[③]；山云欲雨，阶前白蚁战方酣[④]。

【注释】①阳奇阴偶：奇指单数，偶指双数。中国古代认为阳卦为奇，阴卦为偶。②冬冰铺冷沼：冬天严寒，池塘表面被冻结成冰。③黄蜂衙已罢：指蜂群飞散，就像衙堂解散了一样。④山云欲雨，阶前白蚁战方酣：天将下雨，台阶前的白蚁为了防止蚁穴被淹，像紧张备战一样忙着搬家。

听蜀鸟[①]，养吴蚕。谢安高卧[②]，王衍清谈[③]。春暖群芳丽，秋清万象涵。庞德遗安来陇上[④]，曹彬示病下江南[⑤]。风起寒江，密雪乱堆渔父笠；月斜古路，闲云深护老僧庵。

【注释】①蜀鸟：指杜鹃。②谢安高卧：东晋大臣谢安曾隐居东山，不论朝政。③王衍清谈：西晋的王衍喜爱清谈，擅长讲说老庄的义理。④庞德遗安来陇上：东汉的庞德公拒绝做官，隐居田野，有人问他不做官的话将来留什么给子孙，他回答自己留给子孙的是安宁。⑤曹彬示病下江南：曹彬，北宋名将。他曾南下征伐江南，在攻克金陵城前他称自己生病，因而不理事务，部下来看望他时，他说只要部下承诺攻入金陵后不乱杀一人，他的病就会痊愈。

花待女[①]，草宜男[②]。龙车凤辇[③]，鹤驾鸾骖[④]。风筛淇澳竹[⑤]，霜熟洞庭柑。苑上王孙[⑥]游未返，花前公子醉方酣。野店[⑦]行人，霜高睡短鸡偏促；穷途过客，雪滑泥长马不堪。

【注释】①花待女：指兰花，待女为兰花的别名。②草宜男：指萱草，宜男为萱草的别名。③龙车凤辇：这里指帝王和后妃的车驾。④鹤驾鸾骖：骖，指古代驾在车前两侧的马。这里指神仙以仙鹤和鸾鸟为车驾。⑤风筛淇澳竹：轻风吹过，淇水边的竹子随风摇摆。⑥王孙：泛指贵族子弟。⑦野店：荒郊的客栈。

十四 盐

风料峭，雨廉纤[1]。夜愁种种，春思恹恹[2]。水痕霜后没，山色雨中添。姑去尽留云母粉[3]，客来只醉水晶盐[4]。月转书楼，莲漏[5]数声催晓箭[6]；风生绣阁，檀香一缕透香帘。

【注释】①廉纤：细微。②恹恹：精神萎靡的样子。③姑去尽留云母粉：姑，指何仙姑，传说中的八仙之一。相传她常常服用云母粉，后来成仙离去。④客来只醉水晶盐：指客人到来，只为开怀一醉，盘中菜肴只有透明晶亮的白盐。⑤莲漏：指古代用来计时的莲花状漏壶。⑥晓箭：指拂晓时漏壶中指示时刻的箭。

蜗篆[1]壁，雀驯檐。一端[2]绵绮，三尺素缣。骄阳红烁石，密雪白堆盐。清霜冷透鸳鸯瓦[3]，落月斜穿翡翠帘。舞剑孙娘[4]，佩声袅袅知腰软；辨琴蔡女[5]，弦韵悠悠觉指纤。

【注释】①蜗篆：指蜗牛爬行时留下的痕迹像篆文一样。②端：古代布帛的长度单位。③鸳鸯瓦：中国传统屋瓦形式，一俯一仰，成对嵌合，形同鸳鸯依偎交合，故称鸳鸯瓦。④孙娘：指公孙大娘，是唐代著名的舞蹈家，擅长剑器舞。⑤蔡女：指东汉的蔡琰，她精通音律。

摇画扇，卷珠帘。九重蜡炬[1]，万轴牙签[2]。落花狂蝶绕，飞絮游蜂黏。看经老子头斜秃，刺绣佳人指露尖。秋老风寒，乱飘红叶落山路；夜深雪急，故伴绿梅穿户檐。

【注释】①九重蜡炬：形容蜡烛很多。②万轴牙签：牙签，古代藏书者在书函上所缀的牙制签牌，上面上标有书名，以备检取。这里指藏书很多。

十五 咸

红罗帐，黑石函。琴横徽轸[①]，乐奏英咸[②]。花香蜂竞采，泥暖燕争衔。塞上寒霜迟寄袄，江头斜日促归帆。陇上梅开，寄赠故人犹可折；阶前草长，丁宁[③]童子不须芟[④]。

【注释】①徽轸：指琴腹下转动琴弦的轴。②英咸：英，指帝喾时期的《六英》乐；咸，指尧帝时期的《咸池》乐。③丁宁：反复地叮嘱。④芟：割除。

飘舞袖[①]，脱征衫[②]。风清月白，河淡海咸。断碑凝土蚀[③]，古镜被尘缄[④]。凛凛清霜寒橘柚，蒙蒙细雨暗松杉。供韭林宗，夜向灯前冒雨翦[⑤]；思莼张翰，归来江上挂风帆。

【注释】①舞袖：舞女的衣袖。②征衫：远行人所穿的衣服。③断碑凝土蚀：断裂残缺的石碑被堆积其上的泥土腐蚀。④古镜被尘缄：落满灰尘的古镜就像被尘埃封存了一样。⑤供韭林宗，夜向灯前冒雨翦：林宗，指东汉名士郭泰。他的朋友范逵曾在一个雨夜来拜访，郭泰便冒雨到自家的菜圃中剪韭菜来做汤饼招待朋友。

樊迟[①]圃，傅说岩[②]。一川花柳，千里松杉。云峰形突兀[③]，石壁势岩巉[④]。野店黄鸡声喔喔，屋梁紫燕语喃喃。炉上酒香，对月几回频举盏；案前书满，临风一笑却开缄[⑤]。

【注释】①樊迟：孔子的弟子。②傅说岩：商代的大臣傅说曾在傅岩这个地方做奴隶。③突兀：高耸。④岩巉：指岩石高峻、陡峭。⑤开缄：拆开信函，这里指书被风吹开。

声　明

亲爱的读者朋友：

感谢您对本丛书的支持和信任。古籍的编校是一项繁重的工作，在校注的过程中需要认真辨别同字异音、字形通假、文字俗变等许多方面的古今差异。目前市面上流通的经典古籍丛书版本甚多，且古籍善本散佚，权威很难界定，重新考校极其困难。

限于这些条件，我们在编著本丛书时，虽尽量整合资源，完善书中的内容，但难免会有疏漏之处。请读者朋友、专家学者对不足之处给予批评指正。

编　者

2019 年 9 月

打造学术精品　服务教育事业

河南大学出版社

读者信息反馈表

尊敬的读者：

感谢您购买、阅读和使用河南大学出版社的______________一书，我们希望通过这张小小的反馈表来获得您更多的建议和意见，以改进我们的工作，加强我们双方的沟通和联系。我们期待着能为您和更多的读者提供更多的好书。

请您填妥下表后，寄回给我们，对您的支持我们不胜感激！

1. 您是从何种途径得知本书的：

□书店　□网上　□报刊　□图书馆　□朋友推荐

2. 您为什么决定购买本书：

□工作需要　□学习参考　□对本书感兴趣　□随便翻翻

3. 您对本书内容的评价是：

□很好　□好　□一般　□差　□很差

4. 您在阅读本书的过程中有没有发现明显的专业及编校错误？如果有，它们是：

____

____

____

5. 您对哪一类的图书信息比较感兴趣：______________________________

____

6. 如果方便，请提供您的个人信息，以便于我们和您联系（您的个人资料我们将严格保密）：

您供职的单位：______________________________________

您教授的课程（老师填写）：______________________________

您的通信地址：______________________________________

您的电子邮箱：______________________________________

请联系我们：

电话：0371－86059701　0371－86059752

传真：0371－86059701

通信地址：河南省郑州市郑东新区 CBD 商务外环路商务西七街中华大厦 2409 室

河南大学出版社自然科学与外语部